George Roca

MULTILINGUAL ENCRIPTED POEMS

*

POEME CIFRATE MULTILINGVE

American edition

American Romanian Academy
Publishing Group
Davis, California, USA 2021

American Romanian Academy Publishing Group
Davis, California, USA
President:
Prof.Dr.Ing. Ruxandra VIDU
https://www.americanromanianacademy.org/
Email:
rvidu@ucdavis.edu, ruxiev@gmail.com
info@americanromanianacademy.org

Editorial advisor:
Rodica Elena LUPU
Email:
edituraanamarol@gmail.com

Book cover: **George ROCA**
Email:
georgeroca@gmail.com

ROCA, George

MULTILINGUAL ENCRIPTED POEMS / POEME CIFRATE MULTILINGVE (American Edition)

American Romanian Academy
Publishing Group

ISBN: 978-1-935924-34-0

GR EXPERIMENTAL PROJECT
Sydney, Australia

Copyright George Roca 2022
© *All rights reserved*

*To all
poetry
lovers*

*Tuturor
iubitorilor
de poezie*

*"**Cryptography** (or cryptology) from Greek κρυπτός kryptós (hidden secret); andγράφειν graphein (writing), or -λογία-logia (study, respectively) is the practice and study of techniques for secure communication in the presence of third parties (called adversaries). More generally, it is about constructing and analyzing protocols that overcome the influence of adversaries and which are related to various aspects in information security such as data confidentiality, data integrity, authentication, and non-repudiation. Modern cryptography intersects the disciplines of mathematics, computer science, and electrical engineering. Applications of cryptography include ATM cards, computer passwords, and electronic commerce." (Wikipedia)*

In the pages below, I try to demonstrate that even poetry can be coded without losing its meaning or the reader's desire to access it. I believe that the verses in this multilingual volume are the first attempts worldwide to apply cryptography to this literary genre. In order for the experiment to have a broader appeal, I have tried to also apply it to the translation several languages present in this literary work. I thank the translators for their efforts in contributing to the realisation of this book.

George Roca
Sydney, Australia
November, 15th, 2021

*„**Criptografia** reprezintă o ramură a matematicii care se ocupă cu securizarea informaţiei precum şi cu autentificarea şi restricţionarea accesului într-un sistem informatic. În realizarea acestora se utilizează atât metode matematice (profitând, de exemplu, de dificultatea factorizării numerelor foarte mari), cât şi metode de criptare cuantică. Termenul criptografie este compus din cuvintele de origine greacă κρυπτός/kryptós (ascuns) şi γράφειν/gráfein (a scrie). Criptologia este considerată ca fiind cu adevărat o ştiinţă de foarte puţin timp. Aceasta cuprinde atât criptografia - scrierea secretizată - cât şi criptanaliza."*
(Wikipedia)

În paginile care urmează încerc să demonstrez că şi poezia poate fi cifrată fără să-şi piardă înţelesul şi nici dorinţa citiorului de a o penetra. Cred că versurile din acest volum multingv sunt primele încercări de pe mapamond de aplicare a criptografiei la acest gen literar. Pentru ca experimentul să aibă un spectru mai larg am incercat să îl aplic şi traducerilor în cele douăsprezece limbi prezente aici. Mulţumesc traducătorilor pentru efortul depus la apariţia acestei cărţi.

George Roca
Sydney, Australia
15 noiembrie 2021

THE KISS [eng]
SĂRUTUL [rom]
LE BAISER [fra]
IL BACIO [ita]
EL BESO [spa]
O BEIJO [por]
PUTHJA [alb]
A CSÓK [hun]
DER KUSS [ger]
DE KUS [hol]
KYSSEN [swe]
הנשיקה [hbr]
親吻 [chi]

THE KISS
George Roca

I fell in love with your lips
beautiful, red, voluptuous,
like peaches
adorned with cherries.

When I began to kiss you
your mouth tastes like
the fruits of passion.

Everything was so lively, so real,
as if two angels
were making love on my tongue.

And then I understood
why Adam
had sinned!

7H3 K155

1 F3LL 1N L0V3 W17H Y0UR L195
834U71FUL, R3D, V0LU97U0U5,
L1K3 934CH35
4D0RN3D W17H CH3RR135.

WH3N 1 8364N 70 K155 Y0U
Y0UR M0U7H 745735 L1K3
7H3 FRU175 0F 945510N.

3V3RY7H1N6 W45 50 L1V3LY, 50 R34L,
45 1F 7W0 4N63L5
W3R3 M4K1N6 L0V3 0N MY 70N6U3.

4ND 7H3N 1 UND3R5700D
WHY 4D4M
H4D 51NN3D!

SĂRUTUL
George Roca

M-am îndrăgostit de buzele tale
frumoase, roşii, voluptoase,
aidoma unei piersici
altoite cu o cireaşă.

Când am început să te sărut
gura ta avea gustul
fructului pasiunii.

Totul era atât de activ şi real
de parcă doi îngeri
făceau dragoste pe limba mea.

Atunci am înţeles
dece a păcătuit
Adam...

5ĂRU7UL

M-4M ÎNDRĂ605717 D3 8U23L3 74L3
FRUM0453, R0Ș11, V0LU970453,
41D0M4 UN31 913R51C1
4L70173 CU 0 C1R34ȘĂ.

CÂND 4M ÎNC39U7 5Ă 73 5ĂRU7
6UR4 74 4V34 6U57UL
FRUC7ULU1 9451UN11.

707UL 3R4 47Â7 D3 4C71V Ș1 R34L
D3 94RCĂ D01 ÎN63R1
FĂC34U DR460573 93 L1M84 M34.

47UNC1 4M ÎNȚ3L35
D3C3 4 9ĂCĂ7U17
4D4M...

LE BAISER
Traslated into French language by
Adina Rosenkranz-Herscovici & Sara Herscovici

Je m'épris de tes lèvres
belles, rouges, voluptueuses,
telles une pêche
et une cerise confondues.

Lorsque je me mis à t'embrasser
ta bouche avait le goût
du fruit de la passion

Tout était si vif, si réel,
comme si deux anges
faisaient l'amour sur ma langue.

Alors je compris
pourquoi Adam
avait péché...

L3 84153R

J3 M'É9R15 D3 735 LÈVR35
83LL35, R0U635, V0LU97U3U535,
73LL35 UN3 9ÊCH3
37 UN3 C3R153 C0NF0NDU35.

L0R5QU3 J3 M3 M15 À 7'3M8R4553R
74 80UCH3 4V417 L3 60Û7
DU FRU17 D3 L4 945510N

70U7 É7417 51 V1F, 51 RÉ3L,
C0MM3 51 D3UX 4N635
F415413N7 L'4M0UR 5UR M4 L4N6U3.

4L0R5 J3 C0M9R15
90URQU01 4D4M
4V417 9ÉCHÉ...

IL BACIO
Traslated into Italian language by
Simona Puşcaş

Amo le tue labbre
Belle rosse, voluttuose,
come una pesca
innestato con la ciliegia.

Quando ho iniziato a baciarti
la tua bocca aveva il gusto
dell' frutto della passione.

Tutto era così attivo e reale
come se due angeli
fecevano amore sulla mia lingua.

Poi ho capito
perché Adamo
ha peccato...

1L 84C10

4M0 L3 7U3 L488R3
83LL3 R0553, V0LU77U053,
C0M3 UN4 935C4
1NN357470 C0N L4 C1L13614.

QU4ND0 H0 1N121470 4 84C14R71
L4 7U4 80CC4 4V3V4 1L 6U570
D3LL' FRU770 D3LL4 945510N3.

7U770 3R4 C05ì 4771V0 3 R34L3
C0M3 53 DU3 4N63L1
F3C3V4N0 4M0R3 5ULL4 M14 L1N6U4.

901 H0 C49170
93RCHÉ 4D4M0
H4 93CC470...

EL BESO
Traslated into Spanish language by
Gabriela Căluţiu Sonnenberg

¡Me enamoré de tus labios!
Bonitos, rojos, voluptuosos,
como injertado melocotón con la cereza.

Cuando empecé a besarte
tu boca sabía a la fruta de la pasión.

Todo era tan alegre y tan real
como si dos ángeles
hiciesen el amor en mi lengua.

Entonces comprendí
¡por qué Adán había pecado!

3L 8350

¡M3 3N4M0RÉ D3 7U5 L48105!
80N1705, R0J05, V0LU97U0505,
C0M0 1NJ3R74D0 M3L0C07ÓN C0N L4 C3R324.

CU4ND0 3M93CÉ 4 8354R73
7U 80C4 548Í4 4 L4 FRU74 D3 L4 9451ÓN.

70D0 3R4 74N 4L36R3 Y 74N R34L
C0M0 51 D05 ÁN63L35
H1C1353N 3L 4M0R 3N M1 L3N6U4.

3N70NC35 C0M9R3NDÍ
¡90R QUÉ 4DÁN H48Í4 93C4D0!

O BEIJO
Traslated into Portuguese language by
Lucian Daniel Dumbravă Jr.

Apaixonei-me pelo os teus beiços!
Bonitos, vermelhos, voluptuosos
semelhante a um pêssego enxertado com uma cereja.

Quando comecei a beijar-te
a tua boca tinha o sabor do fruto da paixão.

Tudo era tão ativo e verdadeiro
como se dois anjos
fizessem amor em cima da minha língua.

Naquele tempo eu entendi
porque é que Adam pecou !

O 831J0

4941X0N31-M3 93L0 05 73U5 831Ç05 !
80N1705, V3RM3LH05, V0LU97U0505
53M3LH4N73 4 UM 9Ê55360 3NX3R74D0 C0M UM4 C3R3J4.

QU4ND0 C0M3C31 4 831J4R-73
4 7U4 80C4 71NH4 0 5480R D0 FRU70 D4 941XÃ0.

7UD0 3R4 7Ã0 471V0 3 V3RD4D31R0
C0M0 53 D015 4NJ05
F123553M 4M0R 3M C1M4 D4 M1NH4 LÍN6U4.

N4QU3L3 73M90 3U 3N73ND1
90RQU3 É QU3 4D4M 93C0U!

PUTHJA
Traslated into Albanian language by
Baki Ymeri

U dashurova me buzët e tua!
Të bukura, të kuqe, të epshme,
Porsi një pjeshkë e shartuar me një qershi.

Kur nisa të të puth
Goja jote kishte shijen e frytit të pasionit.

Gjithëçka ishte aq aktive dhe ireale
Thuajse dy engjëj
Çonin dashuri mbi gjuhën time.

Atëherë e kuptova
Përse ka mëkatuar Adami !

9U7HJ4

U D45HUR0V4 M3 8U2Ë7 3 7U4!
7Ë 8UKUR4, 7Ë KUQ3, 7Ë 395HM3,
90R51 NJË 9J35HKË 3 5H4R7U4R M3 NJË
Q3R5H1.

KUR N154 7Ë 7Ë 9U7H
60J4 J073 K15H73 5H1J3N 3 FRY717 7Ë
94510N17.

6J17HËÇK4 15H73 4Q 4K71V3 DH3 1R34L3
7HU4J53 DY 3N6JËJ
Ç0N1N D45HUR1 M81 6JUHËN 71M3.

47ËH3RË 3 KU970V4
9ËR53 K4 MËK47U4R 4D4M1!

A CSÓK
Traslated into Hungarian language by
Papp Csilla

Szerelmes lettem ajkaidba
szépek, pirosak, teltek,
akár egy cseresznyével
oltott barack.

Amikor elkezdtem csokolni
ize akár a Maracuja,
a golgotavirág gyümölcse

Minden annyira valós és élthü
mintha két angyal szeretkezne
nyelvemen.

Akkor értettem meg
Ádám miért
vétkezett !

4 C5ÓK

523R3LM35 L3773M 4JK41D84
52É93K, 91R054K, 73L73K,
4KÁR 36Y C53R352NYÉV3L
0L7077 84R4CK.

4M1K0R 3LK32D73M C50K0LN1
123 4KÁR 4 M4R4CUJ4,
4 60L6074V1RÁ6 6YÜMÖLC53.

M1ND3N 4NNY1R4 V4LÓ5 É5 ÉL7HÜ
M1N7H4 KÉ7 4N6Y4L 523R37K32N3
NY3LV3M3N.

4KK0R ÉR73773M M36
ÁDÁM M1ÉR7
VÉ7K32377...

DER KUSS
Traslated into German language by
Gabriela Călujiu Sonnenberg

Ich habe mich in deine Lippen verliebt!
Sinnlich, schön, rot sind sie,
einer Kreuzung von Pfirsich mit Kirsche so ähnelnd.

Als ich dich zu küssen begann
schmeckte dein Mund nach Passionfrucht.

Alles war so lebendig und klar
als würden sich auf meiner Zunge
zwei Engel der Liebe hingeben.

Schlagartig wurde mir klar
warum Adam
die Sünde begang.

D3R KU55

1CH H483 M1CH 1N D31N3 L1993N V3RL1387!
51NNL1CH, 5CHÖN, R07 51ND 513,
31N3R KR3U2UN6 V0N 9F1R51CH M17
K1R5CH3 50 ÄHN3LND.

4L5 1CH D1CH 2U KÜ553N 8364NN
5CHM3CK73 D31N MUND N4CH
945510NFRUCH7.

4LL35 W4R 50 L383ND16 UND KL4R
4L5 WÜRD3N 51CH 4UF M31N3R 2UN63
2W31 3N63L D3R L1383 H1N6383N.

5CHL464R716 WURD3 M1R KL4R
W4RUM 4D4M
D13 5ÜND3 8364N6.

DE KUS
Traslated into Dutch language by
Germain Droogenbroodt

Ik werd verliefd op jouw lippen
mooi, rood, wellustig,
zoals perziken
versierd met kersen.

Toen ik je begon te zoenen
smaakte je mond naar
de vrucht van passie.

Alles was zo levendig, zo echt,
alsof twee engelen
de liefde bedreven op mijn tong.

En toen begreep ik
waarom Adam
gezondigd had!

D3 KU5

1K W3RD V3RL13FD 09 J0UW L1993N
M001, R00D, W3LLU5716,
204L5 93R21K3N
V3R513RD M37 K3R53N.

703N 1K J3 8360N 73 203N3N
5M44K73 J3 M0ND N44R
D3 VRUCH7 V4N 945513.

4LL35 W45 20 L3V3ND16, 20 3CH7,
4L50F 7W33 3N63L3N
D3 L13FD3 83DR3V3N 09 M1JN 70N6.

3N 703N 836R339 1K
W44R0M 4D4M
6320ND16D H4D!

KYSSEN
Traslated into Sweedish language by
Maria Dahlgren

Jag blev förälskad i dina läppar!
Vackra, röda, sensuella
lik en persika korsad med ett körsbär

När jag började kyssa dig
din mun hade passionsfruktens smak.

Allt var så närvarande och verkligt
som om två änglar
älskade på min tunga.

Då har jag förstått
varför Adam har syndat!

KY553N

J46 8L3V FÖRÄL5K4D 1 D1N4 LÄ994R!
V4CKR4, RÖD4, 53N5U3LL4
L1K 3N 93R51K4 K0R54D M3D 377 KÖR58ÄR

NÄR J46 8ÖRJ4D3 KY554 D16
D1N MUN H4D3 945510N5FRUK73N5 5M4K.

4LL7 V4R 5Å NÄRV4R4ND3 OCH V3RKL167
50M OM 7VÅ ÄN6L4R
ÄL5K4D3 9Å M1N 7UN64.

DÅ H4R J46 FÖR57Å77
V4RFÖR 4D4M H4R 5YND47!

הנשיקה

Traslated into Hebrew language by
Shaked Katzir, Bar Katzir & I. Nor

התאהבתי בשפתייך !
יפות, אדומות, חושניות,
כמו אפרסק משולב עם דובדבן

מתי שהתחלתי לנשק אותך
טעם הפה שלך היה כמו פרי של התשוקה

הכול היה כל כך חי ואמיתי
כאילו שני מלאכים
התחברו בלשון שלי

אז הבנתי
למה אדם חטא

親吻

Traslated into Chinese (Hànyǔ) language by
Lan Qian - Hai An (漢譯 蘭芊 海岸)

我愛上你的唇,
美豔又性感,
仿佛桃紅 配上了櫻桃。

當我吻你,
你的雙唇嘗起來 仿佛熱戀的水果。

一切都那麼的輕快, 那麼的真誠,
仿佛兩個天使,
在我的舌尖上做愛。

隨後我明白,
亞當 為何犯了罪。

接吻

原著及英译：罗马尼亚 乔治·荣查 汉译：中国 周道模
Traslated into Chinese (Zhōngwén) language by
William Zhou

我和你的嘴唇坠入爱河
美丽，红艳，妖娆，
缀满了樱桃。

当我开始吻你时
你的嘴尝起来　就像激情的水果。

一切都是那么生动，那么真实
就像两个天使
在我的舌头上做爱。

于是我明白了
为什么亚当 犯了罪！

EMBRACE [eng]
ÎMBRĂŢIŞARE [rom]
ETREINTE [fra]
ABBRACCIO [ita]
ABRAZO [spa]
ABRAÇO [por]
PËRQAFIME [alb]
ŐLELÉS [hun]
UMARMUNG [ger]
OMHELZING [hol]
OMFAMNINGEN [swe]
חיבוק [hbr]

EMBRACE
George Roca

if I would meet you
I would tell you
to morph into a plane

you,
to please me
you'd open your arms
and glide gently towards me

I...
would also morph into a plane
and edging closer to you
we'd intertwine our wings
into an embrace of body and soul
stroking ourselves tenderly
until we'd feel
the symbiosis of our love...

3M8R4C3

1F 1 W0ULD M337 Y0U
1 W0ULD 73LL Y0U
70 M0R9H 1N70 4 9L4N3

Y0U,
70 9L3453 M3
Y0U'D 093N Y0UR 4RM5
4ND 6L1D3 63N7LY 70W4RD5 M3

1...
W0ULD 4L50 M0R9H 1N70 4 9L4N3
4ND 3D61N6 CL053R 70 Y0U
W3'D 1N73R7W1N3 0UR W1N65
1N70 4N 3M8R4C3 0F 80DY 4ND 50UL
57R0K1N6 0UR53LV35 73ND3RLY
UN71L W3'D F33L
7H3 5YM810515 0F 0UR L0V3...

ÎMBRĂŢIŞARE
George Roca

dacă te-aş întâlni
ţi-as spune
să te prefaci într-un avion

tu,
pentru a-mi face pe plac
ţi-ai desface braţele
şi ai plana lin spre mine

eu...
m-aş preface în pasăre
şi apropiindu-mă de tine
ne-am împleti aripile
într-o îmbrăţişare de suflet şi trup
mângâindu-ne tandru
până când am simţi
simbioza iubirii noastre...

ÎM8RĂȚ1Ș4R3

D4CĂ 73-4Ș ÎN7ÂLN1
Ț1-45 59UN3
5Ă 73 9R3F4C1 ÎN7R-UN 4V10N

7U,
93N7RU 4-M1 F4C3 93 9L4C
Ț1-41 D35F4C3 8R4Ț3L3
Ș1 41 9L4N4 L1N 59R3 M1N3

3U...
M-4Ș 9R3F4C3 ÎN 945ĂR3
Ș1 49R0911NDU-MĂ D3 71N3
N3-4M ÎM9L371 4R191L3
ÎN7R-0 ÎM8R4Ț1Ș4R3 D3 5UFL37 Ș1 7RU9
MÂN6Â1NDU-N3 74NDRU
9ÂNĂ CÂND 4M 51MȚ1
51M81024 1U81R11 N0457R3...

ETREINTE
Traslated into French language by
Adina Rosenkranz-Herscovici & Sara Herscovici

si je te rencontrais,
je te dirais
de te changer en avion

toi,
pour me faire plaisir,
tu déploierais tes bras
et planerais doucement vers moi.

moi,
je me changerais en oiseau
et m'approchant de toi,
nous entrelacerions nos ailes
en une étreinte de corps et d'âme,
nous caressant tendrement,
jusqu'à sentir
la symbiose de notre amour.

37R31N73

51 J3 73 R3NC0N7R415,
J3 73 D1R415
D3 73 CH4N63R 3N 4V10N

701,
90UR M3 F41R3 9L4151R,
7U DÉ9L013R415 735 8R45
37 9L4N3R415 D0UC3M3N7 V3R5 M01.

M01,
J3 M3 CH4N63R415 3N 01534U
37 M'499R0CH4N7 D3 701,
N0U5 3N7R3L4C3R10N5 N05 41L35
3N UN3 É7R31N73 D3 C0R95 37 D'ÂM3,
N0U5 C4R3554N7 73NDR3M3N7,
JU5QU'À 53N71R
L4 5YM81053 D3 N07R3 4M0UR.

ABBRACCIO
Traslated into Italian language by
Simona Puşcaş

se incontrassi te
avrai detto
di fingere di essere un aereo

tu,

apri le tue braccia
e scivola dolcemente da me

io...
vorei cambiarmi in uccello
e avviccinarmi da te
ci intrecciamo le ali
in un abbraccio di anima e corpo
teneramente ci accarezzeamo
fino quando sentiremo
simbiosi del nostro amore...

488R4CC10

53 1NC0N7R4551 73
4VR41 D3770
D1 F1N63R3 D1 3553R3 UN 43R30

7U,
93R 1L M10 F4V0R3
49R1 L3 7U3 8R4CC14
3 5C1V0L4 D0LC3M3N73 D4 M3

10...
V0R31 C4M814RM1 1N UCC3LL0
3 4VV1CC1N4RM1 D4 73
C1 1N7R3CC14M0 L3 4L1
1N UN 488R4CC10 D1 4N1M4 3 C0R90
73N3R4M3N73 C1 4CC4R32234M0
F1N0 QU4ND0 53N71R3M0
51M81051 D3L N057R0 4M0R3...

ABRAZO
Traslated into Spanish language by
Gabriela Căluţiu Sonnenberg

si te encontrase
te propondría
convertirte en un avión

tú,
para complacerme
abrirías tus brazos
y flotarías suavemente hacia mí

yo...
me convertiría en pájaro
y acercándome a ti
entretejeríamos nuestras alas
en un abrazo de alma y cuerpo
acariciándonos tiernamente
hasta que sentiéramos
la simbiosis de nuestro amor...

48R420

51 73 3NC0N7R453
73 9R090NDRÍ4
C0NV3R71R73 3N UN 4V1ÓN

7Ú,
94R4 C0M9L4C3RM3
48R1RÍ45 7U5 8R4205
Y FL074RÍ45 5U4V3M3N73 H4C14 MÍ

Y0...
M3 C0NV3R71RÍ4 3N 9ÁJ4R0
Y 4C3RCÁND0M3 4 71
3N7R373J3RÍ4M05 NU357R45 4L45
3N UN 48R420 D3 4LM4 Y CU3R90
4C4R1C1ÁND0N05 713RN4M3N73
H4574 QU3 53N71ÉR4M05
L4 51M810515 D3 NU357R0 4M0R...

ABRAÇO
Traslated into Portuguese language by
Lucian Daniel Dumbravă Jr.

se te encontrasse
eu dir-te-ia
para te transformares num avião

tu,
para me fazeres a vontade
desfarias os teus braços
e planarias leve até mim

eu...
transformar-me-ia em pássaro
e aproximando-me de ti
entrançariamos as asas
num abraço de alma e corpo
afagando-nos meigamente
até sentirmos
a simbiose do nosso amor...

48R4Ç0

53 73 3NC0N7R4553
3U D1R-73-14
94R4 73 7R4N5F0RM4R35 NUM 4V1Ã0

7U,
94R4 M3 F423R35 4 V0N74D3
D35F4R145 05 73U5 8R4Ç05
3 9L4N4R145 L3V3 47É M1M

3U...
7R4N5F0RM4R-M3-14 3M 9Á554R0
3 49R0X1M4ND0-M3 D3 71
3N7R4NÇ4R14M05 45 4545
NUM 48R4Ç0 D3 4LM4 3 C0R90
4F464ND0-N05 M3164M3N73
47É 53N71RM05
4 51M81053 D0 N0550 4M0R...

PËRQAFIME
Traslated into Albanian language by
Baki Ymeri

Nëse do të të takoja
Do të të thoja
Të shndërrohesh në një avion
Ti,
Për të më pëlqyer
Do të t'i shpaloja krahët
E do të notoje drejt meje

Unë...
Do të bëhesha zog
Dhe duke t'u afruar
Do ti gërshetonim flatrat
Në një përqafim prej trupi e shpirti
Duke të përkëdhelur me ngazëllim
Derisa do ta ndjenim
Simbiozën e dashurisë sonë

9ËRQ4F1M3

NË53 D0 7Ë 7Ë 74K0J4
D0 7Ë 7Ë 7H0J4
7Ë 5HNDËRR0H35H NË NJË 4V10N
71,
9ËR 7Ë MË 9ËLQY3R
D0 7Ë 7'1 5H94L0J4 KR4HË7
3 D0 7Ë N070J3 DR3J7 M3J3

UNË...
D0 7Ë 8ËH35H4 206
DH3 DUK3 7'U 4FRU4R
D0 71 6ËR5H370N1M FL47R47
NË NJË 9ËRQ4F1M 9R3J 7RU91 3 5H91R71
DUK3 7Ë 9ËRKËDH3LUR M3 N642ËLL1M
D3R154 D0 74 NDJ3N1M
51M8102ËN 3 D45HUR15Ë 50NË

ŐLELÉS
Traslated into Hungarian language by
Papp Csilla

ha találkoznánk
azt mondanám
hogy tégy ugy mint egy repülő.

te,
hogy őrőmet szerez nekem,
szét tárnád karjaid
és simán lebegnél felém.

én,
madárnak tettetném magam,
és kőzeledvén feléd,
szárnyainkat ősszefonva
egy testi és lelki őlelésben,
addig simogatnánk egymást gyengéden
amig szerelmünk egyesűlne.

ŐL3LÉ5

H4 74LÁLK02NÁNK
427 M0ND4NÁM
H06Y 7É6Y U6Y M1N7 36Y R39ÜLŐ.

73,
H06Y ŐRŐM37 523R32 N3K3M,
52É7 7ÁRNÁD K4RJ41D
É5 51MÁN L3836NÉL F3LÉM.

ÉN,
M4DÁRN4K 737737NÉM M464M,
É5 KŐ23L3DVÉN F3LÉD,
52ÁRNY41NK47 Ő5523F0NV4
36Y 73571 É5 L3LK1 ŐL3LÉ583N,
4DD16 51M0647NÁNK 36YMÁ57 6Y3N6ÉD3N
4M16 523R3LMÜNK 36Y35űLN3.

UMARMUNG
Traslated into German language by
Gabriela Căluțiu Sonnenberg

Sollte ich dich treffen,
würde ich dir sagen
verwandle dich in ein Flugzeug.

Du,
um mir den Gefallen zu tun,
würdest deine Arme ausbreiten
und über mich sanft schweben.

Ich,
würde mich in einen Vogel verwandeln
und mich dir annähern
unsere Flügel verschränkend
dich in einer Leib- und Seelenumarmung schliessen
uns zärtlich streicheln
bis zum vollkommenen Empfinden
der Simbiose unserer Liebe.

UM4RMUN6

50LL73 1CH D1CH 7R3FF3N,
WÜRD3 1CH D1R 5463N
V3RW4NDL3 D1CH 1N 31N FLU623U6.

DU,
UM M1R D3N 63F4LL3N 2U 7UN,
WÜRD357 D31N3 4RM3 4U58R3173N
UND Ü83R M1CH 54NF7 5CHW383N.

1CH,
WÜRD3 M1CH 1N 31N3N V063L V3RW4ND3LN
UND M1CH D1R 4NNÄH3RN
UN53R3 FLÜ63L V3R5CHRÄNK3ND
D1CH 1N 31N3R L318- UND 533L3NUM4RMUN6
5CHL13553N
UN5 2ÄR7L1CH 57R31CH3LN
815 2UM V0LLK0MM3N3N 3M9F1ND3N
D3R 51M81053 UN53R3R L1383.

OMHELZING
Traslated into Dutch language by
Germain Droogenbroodt

Indien ik je zou ontmoeten
zou ik je vragen
om je in een vliegtuig te veranderen

jij
zou om mij te bevallen
je armen openen en zachtjes
naar me toe vliegen

ik…
zou mij in een vogel veranderen
en dichter bij jou komend
zouden onze vleugels zich verstrengelen

in een omarming van lichaam en ziel
we zouden elkaar zo teder strelen
tot we de symbiose
van onze liefde zouden ervaren.

0MH3L21N6

1ND13N 1K J3 20U 0N7M0373N
20U 1K J3 VR463N
0M J3 1N 33N VL1367U16 73 V3R4ND3R3N

J1J
20U 0M M1J 73 83V4LL3N
J3 4RM3N 093N3N 3N 24CH7J35
N44R M3 703 VL1363N

1K...
20U M1J 1N 33N V063L V3R4ND3R3N
3N D1CH73R 81J J0U K0M3ND
20UD3N 0N23 VL3U63L5 21CH V3R57R3N63L3N

1N 33N 0M4RM1N6 V4N L1CH44M 3N 213L
W3 20UD3N 3LK44R 20 73D3R 57R3L3N
707 W3 D3 5YM81053
V4N 0N23 L13FD3 20UD3N 3RV4R3N.

OMFAMNINGEN
Traslated into Sweedish language by
Maria Dahlgren

om jag skulle möta dig
skulle säga
att du skall förvandlas till ett flygplan

du,
för att göra mig nöjd
skulle öppna dina armar
och du skulle landa mot mig

jag...
skulle förvandla mig till en fågel
och närma mig dig
skulle sammanfläta våra vingar
i en omfamning av själ och kropp
vi skulle klappa varandra ömt
tills vi skulle känna
våran kärlekssymbios

0MF4MN1N63N

0M J46 5KULL3 MÖ74 D16
5KULL3 5Ä64
477 DU 5K4LL FÖRV4NDL45 71LL 377
FLY69L4N

DU,
FÖR 477 6ÖR4 M16 NÖJD
5KULL3 Ö99N4 D1N4 4RM4R
0CH DU 5KULL3 L4ND4 M07 M16

J46....
5KULL3 FÖRV4NDL4 M16 71LL 3N FÅ63L
0CH NÄRM4 M16 D16
5KULL3 54MM4NFLÄ74 VÅR4 V1N64R
1 3N 0MF4MN1N6 4V 5JÄL 0CH KR099
V1 5KULL3 KL4994 V4R4NDR4 ÖM7
71LL5 V1 5KULL3 KÄNN4
VÅR4N KÄRL3K55YM8105

חיבוק
Traslated into Hebrew language by
Shaked Katzir, Bar Katzir & I. Nor

לו הייתי פוגש אותך
הייתי אומר לך
שתהפכי למטוס

את ,
כדי לרצות אותי
הייתי פותחת את זרועותייך
ודואה בעדינות לעברי

אני...
הייתי הופך לציפור
בזמן שהייתי מתקרב אלייך
היינו משלבים את כנפינו
בתוך חיבוק של נפש וגוף
היינו מתלטפים ברכות
עד שהיינו מרגישים
את הסימביוזה של אהבתנו...

THE BURGLAR [eng]
HOȚUL [rom]
LE VOLEUR [fra]
IL LADRO [ita]
EL LADRÓN [spa]
O LADRÃO [por]
HAJDUTI [alb]
A TOLVAJ [hun]
DER DIEB [ger]
DE DIEF [hol]
TJUVEN [swe]
הגנב [hbr]

THE BURGLAR
George Roca

In my room,
no burglar
has ever entered!

Nothing is missing!

Why on earth
do I still feel
stolen by the memories?

7H3 8UR6L4R

1N MY R00M,
N0 8UR6L4R
H45 3V3R 3N73R3D!

N07H1N6 15 M1551N6!

WHY 0N 34R7H
D0 1 571LL F33L
570L3N 8Y 7H3 M3M0R135?

HOȚUL
George Roca

În camera mea
nu a intrat
nici un hoț !

Nu lipsește nimic !

De ce mă simt
totuși
furat de amintiri ?

H0ŢUL

ÎN C4M3R4 M34
NU 4 1N7R47
N1C1 UN H0Ţ !

NU L1953Ş73 N1M1C !

D3 C3 MĂ 51M7
707UŞ1
FUR47 D3 4M1N71R1 ?

LE VOLEUR
Traslated into French language by
Adina Rosenkranz-Herscovici & Sara Herscovici

Dans ma chambre
il n'est entré
aucun voleur !

Rien ne manque !

Pourquoi
est-ce que je me sens pourtant
emporté par mes souvenirs ?

L3 V0L3UR

D4N5 M4 CH4M8R3
1L N'357 3N7RÉ
4UCUN V0L3UR !

R13N N3 M4NQU3 !

90URQU01
357-C3 QU3 J3 M3 53N5 90UR74N7
3M90R7É 94R M35 50UV3N1R5 ?

IL LADRO
Traslated into Italian language by
Simona Puşcaş

Nella mia stanza
non è introdotto
nessun ladro !

da non perdere nulla !

Ma Perché Dio,
Mi sento comunque
rubato dei ricordi ?

1L L4DR0

N3LL4 M14 574N24
N0N È 1N7R0D0770
N355UN L4DR0 !

D4 N0N 93RD3R3 NULL4 !

M4 93RCHÉ D10,
M1 53N70 C0MUNQU3
RU8470 D31 R1C0RD1 ?

EL LADRÓN
Traslated into Spanish language by
Gabriela Căluţiu Sonnenberg

¡En mi cuarto
nunca ha entrado
ningun ladrón !

¡No falta nada !

¿Por qué demonios
todavia siento
que me han robado
mis recuerdos ?

3L L4DRÓN

¡3N M1 CU4R70
NUNC4 H4 3N7R4D0
N1N6UN L4DRÓN!

¡N0 F4L74 N4D4!

¿90R QUÉ D3M0N105
70D4V14 513N70
QU3 M3 H4N R084D0 M15 R3CU3RD05?

O LADRÃO
Traslated into Portuguese language by
Lucian Daniel Dumbravă Jr.

No meu quarto
não entrou
nenhum ladrão!

Não falta nada!

Porque me sinto
contudo
roubado de lembranças ?

0 L4DRÃ0

N0 M3U QU4R70
NÃ0 3N7R0U
N3NHUM L4DRÃ0!

NÃ0 F4L74 N4D4!

P0RQU3 M3 51N70
C0N7UD0
R0U84D0 D3 L3M8R4NÇ45 ?

HAJDUTI
Traslated into Albanian language by
Baki Ymeri

Në dhomën time
Nuk ka hyrë
Asnjë hajdut!

Nuk mungon asgjë !

Megjithate
Përse po ndjehem
I vjedhur nga kujtimet ?

H4JDU71

NË DH0MËN 71M3
NUK K4 HYRË
45NJË H4JDU7!

NUK MUN60N 456JË

M36J17H473
9ËR53 90 NDJ3H3M
1 VJ3DHUR N64 KUJ71M37 ?

A TOLVAJ
Traslated into Hungarian language by
Papp Csilla

A szobámban nem járt
eggyetlen tolvaj sem.

Nem hiányzik semmi !

Miért érzem mégis úgy
Hogy meglopták az emlékeim ?

4 70LV4J

4 5208ÁM84N N3M JÁR7
366Y37L3N 70LV4J 53M.

N3M H1ÁNY21K 53MM1!

M1ÉR7 ÉR23M MÉ615 Ú6Y
H06Y M36L097ÁK 42 3MLÉK31M?

DER DIEB
Traslated into German language by
Gabriela Căluțiu Sonnenberg

Noch nie ist ein Dieb
in meinem Zimmer gewesen.

Nichts scheint zu fehlen.

Weshalb fühle ich mich
jedoch
um meine Erinnerungen bestohlen?

D3R D138

N0CH N13 157 31N D138
1N M31N3M 21MM3R 63W353N.

N1CH75 5CH31N7 2U F3HL3N.

W35H4L8 FÜHL3 1CH M1CH
J3D0CH
UM M31N3 3R1NN3RUN63N 83570HL3N?

DE DIEF
Traslated into Dutch language by
Germain Droogenbroodt

In mijn kamer
is er nog nooit
een dief binnengedrongen!

Er ontbreekt niets!

Maar waarom dan
heb ik toch het gevoel
dat mijn herinneringen werden ontvreemd.

D3 D13F

1N M1JN K4M3R
15 3R N06 N0017
33N D13F 81NN3N63DR0N63N!

3R 0N78R33K7 N1375!

M44R W44R0M D4N
H38 1K 70CH H37 63V03L
D47 M1JN H3R1NN3R1N63N W3RD3N
0N7VR33MD.

TJUVEN
Traslated into Sweedish language by
Maria Dahlgren

I mitt rum
har ingen kommit in
inte någon tjuv!

Inget fattas!

Varför känner jag mig
ändå
bestulen på mina minnen?

7JUV3N

1 M177 RUM
H4R 1N63N K0MM17 1N
1N73 NÅ60N 7JUV!

1N637 F47745!

V4RFÖR KÄNN3R J46 M16
ÄNDÅ
8357UL3N 9Å M1N4 M1NN3N?

הגנב
Traslated into Hebrew language by
Shaked Katzir, Bar Katzir & I. Nor

לחדר שלי
לא נכנס שום גנב!

כלום לא חסר

למה בכל זאת
אני מרגיש
שנגנבתי על זיכרונותיי?

THE CRAZY DEER [eng]
CĂPRIOARA NEBUNĂ [rom]
LA FOLLE BICHE [fra]
CERBIATTA PAZZA [ita]
LA CIERVA LOCA [spa]
A CAMURÇA LOUCA [por]
DRENUSHA E ÇMENDUR [alb]
AZ ÖRÜLT ÖZIKE [hun]
IRRES REH [ger]
HET GEKKE HERT [hol]
DET GALNA RÅDJURET [swe]
האיילה המטורפת [hbr]

THE CRAZY DEER
George Roca

Lying,
I rest with my eyes closed
and dream of my flowered glade.
So much peace and harmony!
But yet... the crazy deer
doesn't leave me alone
trying once again
to stroke me with her hoof
on the white of my eyes tired
from so much staring
at virtual space.

7H3 CR42Y D33R

LY1N6,
1 R357 W17H MY 3Y35 CL053D
4ND DR34M 0F MY FL0W3R3D 6L4D3.
50 MUCH 934C3 4ND H4RM0NY!
8U7 Y37... 7H3 CR42Y D33R
D035N'7 L34V3 M3 4L0N3
7RY1N6 0NC3 4641N
70 57R0K3 M3 W17H H3R H00F
0N 7H3 WH173 0F MY 3Y35
71R3D FR0M 50 MUCH 574R1N6
47 V1R7U4L 594C3.

CĂPRIOARA NEBUNĂ
George Roca

Culcat,
stau cu ochii închişi
şi visez la poiana mea cu flori.
E atâta linişte şi armonie!
Şi totuşi căprioara nebună
nu vrea să-mi dea pace
încercând din nou
să mă mângâie cu copita
pe albul ochilor mei obosiţi
de atâta privit spre spaţiul virtual.

CĂ9R104R4 N38UNĂ

CULC47,
574U CU 0CH11 ÎNCH1Ș1
Ș1 V1532 L4 9014N4 M34 CU FL0R1.
3 47Â74 L1N1Ș73 Ș1 4RM0N13!
Ș1 707UȘ1 CĂ9R104R4 N38UNĂ
NU VR34 5Ă-M1 D34 94C3
ÎNC3RCÂND D1N N0U
5Ă MĂ MÂN6Â13 CU C09174
93 4L8UL 0CH1L0R M31 08051Ț1
D3 47Â74 9R1V17 59R3 594Ț1UL V1R7U4L.

LA FOLLE BICHE
Traslated into French language by
Adina Rosenkranz-Herscovici & Sara Herscovici

Couché,
les yeux fermés
je rêve à ma clairière fleurie.
Que de silence et d'harmonie!
Et pourtant, la folle biche
ne veut pas me laisser tranquille
et essaie
de caresser de son sabot
le blanc de mes yeux las
d'avoir tant regardé l'espace virtuel.

L4 F0LL3 81CH3

C0UCHÉ,
L35 Y3UX F3RMÉ5
J3 RÊV3 À M4 CL41R1ÈR3 FL3UR13.
QU3 D3 51L3NC3 37 D'H4RM0N13!
37 90UR74N7, L4 F0LL3 81CH3
N3 V3U7 945   M3 L41553R 7R4NQU1LL3
37 355413
D3 C4R3553R D3 50N 54807
L3 8L4NC D3 M35 Y3UX L45
D'4V01R 74N7   R364RDÉ L'3594C3 V1R7U3L.

CERBIATTA PAZZA
Traslated into Italian language by
Simona Puşcaş

Giù,
seduto con gli occhi chiusi
sognando il mio campo di fiori.
E una silente armonia!
Ma, la cerbiatta pazza
non vuole darmi pace
provando di nuovo
ad' accarezzarmi con lo zoccolo
il velo dei miei occhi stanchi
a privato lo spazio virtuale.

C3R814774 94224

61Ù,
53DU70 C0N 6L1 0CCH1 CH1U51
506N4ND0 1L M10 C4M90 D1 F10R1.
3 UN4 51L3N73 4RM0N14!
M4, L4 C3R814774 94224
N0N VU0L3 D4RM1 94C3
9R0V4ND0 D1 NU0V0
4D' 4CC4R3224RM1 C0N L0 20CC0L0
1L V3L0 D31 M131 0CCH1 574NCH1
4 9R1V470 L0 594210 V1R7U4L3.

LA CIERVA LOCA
Traslated into Spanish language by
Gabriela Căluţiu Sonnenberg

Acostado,
descanso con los ojos cerrados
soñando con mi prado de flores.
¡Tanto silencio y armonía!
No obstante la cierva loca
no me deja en paz
y vuelve de nuevo
a acariciar con su pezuña
el blanco de mis ojos cansados
de tanto mirar hacía el espacio virtual.

L4 C13RV4 L0C4

4C0574D0,
D35C4N50 C0N L05 0J05 C3RR4D05
50Ù4ND0 C0N M1 9R4D0 D3 FL0R35.
¡74N70 51L3NC10 Y 4RM0NÍ4!
N0 08574N73 L4 C13RV4 L0C4
N0 M3 D3J4 3N 942
Y VU3LV3 D3 NU3V0
4 4C4R1C14R C0N 5U 932UÙ4
3L 8L4NC0 D3 M15 0J05 C4N54D05
D3 74N70 M1R4R H4CÍ4 3L 3594C10 V1R7U4L.

A CAMURÇA LOUCA
Traslated into Portuguese language by
Lucian Daniel Dumbravă Jr.

Deitado,
estou com os olhos fechados
e sonho na minha clareira com flores.
Há tanto silêncio e harmonia!
E todavia a camurça louca
não me deixa em paz
tentando outra vez
afagar-me com o casco
no branco dos olhos cansados
de tanto olhar para o espaço virtual.

4 C4MURÇ4 L0UC4

D3174D0,
3570U C0M 05 0LH05 F3CH4D05
3 50NH0 N4 M1NH4 CL4R31R4 C0M FL0R35.
HÁ 74N70 51LÊNC10 3 H4RM0N14!
3 70D4V14 4 C4MURÇ4 L0UC4
NÃ0 M3 D31X4 3M 942
73N74ND0 0U7R4 V32
4F464R-M3 C0M 0 C45C0
N0 8R4NC0 D05 0LH05 C4N54D05
D3 74N70 0LH4R 94R4 0 3594Ç0 V1R7U4L.

DRENUSHA E ÇMENDUR
Traslated into Albanian language by
Baki Ymeri

Rri mbështetur
Me sytë e mbyllur
Dhe ëndërroj n'luginën time me lule.
Është kaq qetësi dhe harmoni!
Dhe megjithatë drenusha e çmendur
Nuk po më lë të qetë
Duke u munduar përsëri
Të më përkëdhelë me kopita
Mbi bardhësinë e syve të mi të lodhur
Nga gjith'ato shikime kah hapsira virtuale.

DR3NU5H4 3 ÇM3NDUR

RR1 M8Ë5H737UR
M3 5Y7Ë 3 M8YLLUR
DH3 ËNDËRR0J N'LU61NËN 71M3 M3 LUL3.
Ë5H7Ë K4Q Q37Ë51 DH3 H4RM0N1!
DH3 M36J17H47Ë DR3NU5H4 3 ÇM3NDUR
NUK 90 MË LË 7Ë Q37Ë
DUK3 U MUNDU4R 9ËR5ËR1
7Ë MË 9ËRKËDH3LË M3 K09174
M81 84RDHË51NË 3 5YV3 7Ë M1 7Ë L0DHUR
N64 6J17H'470 5H1K1M3 K4H H4951R4
V1R7U4L3.

AZ ÖRÜLT ŐZIKE
Traslated into Hungarian language by
Papp Csilla

Fekszem,
Csukott szemmel ülők
És az én virágos tisztásomról álmodozom.
Oly nagy a csend és a harmonia.
És mégis egy őrült őzike
Nem hagy békén,
Patáival probálja megsimogatni
Újra és újra
A kibernetikus tért pásztázó
Fáradt szemeim fehérjét.

42 ÖRÜL7 Ö21K3

F3K523M,
C5UK077 523MM3L ÜLŐK
É5 42 ÉN V1RÁ605 71527Á50MRÓL
ÁLM0D020M.
0LY N46Y 4 C53ND É5 4 H4RM0N14.
É5 MÉ615 36Y ŐRÜL7 Ő21K3
N3M H46Y 8ÉKÉN,
947Á1V4L 9R08ÁLJ4 M3651M0647N1
ÚJR4 É5 ÚJR4
4 K183RN371KU5 7ÉR7 9Á527Á2Ó
FÁR4D7 523M31M F3HÉRJÉ7.

IRRES REH
Traslated into German language by
Gabriela Căluțiu Sonnenberg

Geschlossenen Auges
liege ich
und träume von meiner blühenden Waldwiese.
Inmitten vollkommener Ruhe und Einklangs!
Jedoch erlaubt mir das irrsinnige Reh,
nicht bloß mein Frieden auszukosten.
Wiederholt versucht es
mich mit ihrem Huf zu streicheln
das Weiß meiner müden Augen berührend
erschöpfter Blick vom Starren in den virtuelen Raum.

1RR35 R3H

635CHL0553N3N 4U635
L1363 1CH
UND 7RÄUM3 V0N M31N3R 8LÜH3ND3N
W4LDW1353.
1NM1773N V0LLK0MM3N3R RUH3 UND
31NKL4N65!
J3D0CH 3RL4U87 M1R D45 1RR51NN163 R3H,
N1CH7 8L0ß M31N FR13D3N 4U52UK0573N.
W13D3RH0L7 V3R5UCH7 35
M1CH M17 1HR3M HUF 2U 57R31CH3LN
D45 W31ß M31N3R MÜD3N 4U63N 83RÜHR3ND
3R5CHÖ9F73R 8L1CK V0M 574RR3N 1N D3N
V1R7U3L3N R4UM.

HET GEKKE HERT
Traslated into Dutch language by
Germain Droogenbroodt

Liggend,
rust ik met gesloten ogen uit
en droom ik van mijn met bloemen bedekt veld
Zoveel rust en harmonie!
Maar het gekke hert
laat me weer niet met rust
en poogt opnieuw
mij met zijn hoeven te aaien
op het wit van mijn ogen vermoeid
van het vele staren
naar de virtuele ruimte.

H37 63KK3 H3R7

L1663ND,
RU57 1K M37 635L073N 063N U17
3N DR00M 1K V4N M1JN M37 8L03M3N
83D3K7 V3LD
20V33L RU57 3N H4RM0N13!
M44R H37 63KK3 H3R7
L447 M3 W33R N137 M37 RU57
3N 90067 09N13UW
M1J M37 21JN H03V3N 73 4413N
09 H37 W17 V4N M1JN 063N V3RM031D
V4N H37 V3L3 574R3N
N44R D3 V1R7U3L3 RU1M73.

DET GALNA RÅDJURET
Traslated into Sweedish language by
Maria Dahlgren

Liggande,
står med ögonen stängda
och drömmer till min blommande glänta.
Är så mycket tystnad och harmoni!
Och ändå, det galna rådjuret
vill inte lämna mig i fred
försöker igen
att klappa mig med sin klöv
på mina trötta ögonvitor,
av intensivt tittande mot

D37 64LN4 RÅDJUR37

L1664ND3,
57ÅR M3D Ö60N3N 57ÄN6D4
0CH DRÖMM3R 71LL M1N 8L0MM4ND3
6LÄN74.
ÄR 5Å MYCK37 7Y57N4D 0CH H4RM0N1!
0CH ÄNDÅ, D37 64LN4 RÅDJUR37
V1LL 1N73 LÄMN4 M16 1 FR3D
FÖR5ÖK3R 163N
477 KL4994 M16 M3D 51N KLÖV
9Å M1N4 7RÖ774 Ö60NV170R,
4V 1N73N51V7 71774ND3 M07
D3N V1R7U3LL4 RYMD3N.

האיילה המטורפת
Traslated into Hebrew language by
Shaked Katzir, Bar Katzir & I. Nor

שוכב
עם עיניים עצומות
וחולם על גינתי מלאת הפרחים
יש כל כך הרבה שלווה והרמוניה!
אבל בכל זאת האיילה המטורפת
לא מניחה לי
מנסה שוב ושוב
ללטף אותי עם הפרסה שלה
בלובן שבעייני העייפות
מרוב בהייה המסך המחשב שלי

I'M HAPPY [eng]
MĂ BUCUR [rom]
JE SUIS RAVI [fra]
SONO CONTENTO [ita]
ME ALEGRO [spa]
ME ALEGRO [por]
PO GËZOHEM [alb]
ŐRÜLÖK [hun]
ICH FREUE MICH [ger]
IK BEN BLIJ [hol]
JAG GLÄDS [swe]
אני שמח [hbr]

I'M HAPPY
George Roca

Every morning
When I wake up, I'm happy!
I'm happy that it's sunny,
I'm happy that it's cloudy,
I'm happy that I'm alive!

people, be happy
when you wake up in the morning!
You'll have a better day,
you'll be healthier
you'll be more understanding
with your surroundings!
You'll be kinder to yourselves,
you'll be kinder to others
you'll be more loved by those around you,
People will love you,
Animals will love you,
Plants will love you
And thus
you'll live in harmony
with the Universe!

1'M H499Y

3V3RY M0RN1N6
WH3N 1 W4K3 U9, 1'M H499Y !
1'M H499Y 7H47 17'5 5UNNY,
1'M H499Y 7H47 17'5 CL0UDY,
1'M H499Y 7H47 1'M 4L1V3 !

9309L3, 83 H499Y
WH3N Y0U W4K3 U9 1N 7H3 M0RN1N6 !
Y0U'LL H4V3 4 83773R D4Y,
Y0U'LL 83 H34L7H13R
Y0U'LL 83 M0R3 UND3R574ND1N6
W17H Y0UR 5URR0UND1N65!
Y0U'LL 83 K1ND3R 70 Y0UR53LV35,
Y0U'LL 83 K1ND3R 70 07H3R5
Y0U'LL 83 M0R3 L0V3D 8Y 7H053 4R0UND Y0U,
9309L3 W1LL L0V3 Y0U,
4N1M4L5 W1LL L0V3 Y0U,
9L4N75 W1LL L0V3 Y0U
4ND 7HU5
Y0U'LL L1V3 1N H4RM0NY
W17H 7H3 UN1V3R53 !

MĂ BUCUR
George Roca

în fiecare dimineaţă
când mă trezesc, mă bucur
mă bucur că e soare
mă bucur că e înnorat
mă bucur că trăiesc

bucură-te omule
când te trezeşti dimineaţa
vei avea o zi mai bună
vei fi mai sănătos
vei fi mai înţelegător
cu mediul înconjurător
vei fi mai bun cu tine
vei fi mai bun cu semenii tăi
vei fi mai iubit de cei din jur
te vor iubi oamenii
te vor iubi animalele
te vor iubi plantele
şi astfel
vei trăi în armonie
cu Universul

MĂ 8UCUR

ÎN F13C4R3 D1M1N34ȚĂ
CÂND MĂ 7R3235C, MĂ 8UCUR
MĂ 8UCUR CĂ 3 504R3
MĂ 8UCUR CĂ 3 ÎNN0R47
MĂ 8UCUR CĂ 7RĂ135C

8UCURĂ-73 0MUL3
CÂND 73 7R323Ș71 D1M1N34Ț4
V31 4V34 0 21 M41 8UNĂ
V31 F1 M41 5ĂNĂ705
V31 F1 M41 ÎNȚ3L36ĂT0R
CU M3D1UL ÎNC0NJURĂ70R
V31 F1 M41 8UN CU 71N3
V31 F1 M41 8UN CU 53M3N11 7Ă1
V31 F1 M41 1U817 D3 C31 D1N JUR
73 V0R 1U81 04M3N11
73 V0R 1U81 4N1M4L3L3
73 V0R 1U81 9L4N73L3
Ș1 457F3L
V31 7RĂ1 ÎN 4RM0N13
CU UN1V3R5UL

JE SUIS RAVI
Traslated into French language by
Adina Rosenkranz-Herscovici & Sara Herscovici

tous les matins,
lorsque je m'éveille,
je suis ravi,
ravi qu'il fasse soleil,
qu' il fasse nuageux,
ravi de vivre.

réjouis-toi, mon bonhomme,
quand tu t'éveilles le matin !
ton jour sera meilleur,
tu iras mieux,
tu seras plus compréhensif
envers le monde qui t'entoure
tu seras bien meilleur envers toi -même
tu traiteras mieux tes semblables
tu seras mieux aimé par tes proches
les hommes t 'aimeront
les animaux t'aimeront
les plantes t'aimeront
et tu vivras ainsi en harmonie
avec l'Univers.

J3 5U15 R4V1

70U5 L35 M471N5,
L0R5QU3 J3 M'ÉV31LL3,
J3 5U15 R4V1,
R4V1 QU'1L F4553 50L31L,
QU' 1L F4553 NU463UX,
R4V1 D3 V1VR3.

RÉJ0U15-701, M0N 80NH0MM3,
QU4ND 7U 7'ÉV31LL35 L3 M471N !
70N J0UR 53R4 M31LL3UR,
7U 1R45 M13UX,
7U 53R45 9LU5 C0M9RÉH3N51F
3NV3R5 L3 M0ND3 QU1 7'3N70UR3
7U 53R45 813N M31LL3UR 3NV3R5 701-MÊM3
7U 7R4173R45 M13UX 735 53M8L48L35
7U 53R45 M13UX 41MÉ 94R 735 9R0CH35
L35 H0MM35 7'41M3R0N7
L35 4N1M4UX 7'41M3R0N7
L35 9L4N735 7'41M3R0N7
37 7U V1VR45 41N51 3N H4RM0N13
4V3C L'UN1V3R5.

SONO CONTENTO
Traslated into Italian language by
Simona Puşcaş

ogni mattina
quando mi sveglio sono contento
Sono contento che c'è il sole
Sono contento che è nuvoloso
Sono contento che sto vivendo

gioisce uomo
quando ti svegli la mattina
avrai un giorno migliore
sarai più sano
sarai più complessivo
con l'ambiente circostante!
saràì meglio con te stesso
saràì meglio con i tuoi coetanei
sarai amato da altri
le persone ti ameranno
gli animali ti ameranno
le piante ti ameranno
e quindi
potrai vivere in armonia
con l'Universo

50N0 C0N73N70

06N1 M4771N4
QU4ND0 M1 5V36L10 50N0 C0N73N70
50N0 C0N73N70 CH3 C'È 1L 50L3
50N0 C0N73N70 CH3 È NUV0L050
50N0 C0N73N70 CH3 570 V1V3ND0

61015C3 U0M0
QU4ND0 71 5V36L1 L4 M4771N4
4VR41 UN 610RN0 M16L10R3
54R41 91Ù 54N0
54R41 91Ù C0M9L3551V0
C0N L'4M813N73 C1RC0574N73!
54RÀ1 M36L10 C0N 73 573550
54RÀ1 M36L10 C0N 1 7U01 C0374N31
54R41 4M470 D4 4L7R1
L3 93R50N3 71 4M3R4NN0
6L1 4N1M4L1 71 4M3R4NN0
L3 914N73 71 4M3R4NN0
3 QU1ND1
907R41 V1V3R3 1N 4RM0N14
C0N L'UN1V3R50

ME ALEGRO
Traslated into Spanish language by
Gabriela Căluţiu Sonnenberg

cada mañana
cuando despierto, me alegro
me alegro de que haya sol
me alegro de que esté nublado
me alegro de estar vivo

alégrate hombre
al levantarte por la mañana
vas a tener un buen día
estaras más sano
serás más comprensivo
con tu entorno
estarás mejor contigo
serás más benévolo con tu pueblo
más amado por los que te rodean
la gente te querrá
te querrán los animales
te querrán las plantas
y así
vivirás en armonía
con el Universo

M3 4L36R0

C4D4 M4Ù4N4
CU4ND0 D35913R70, M3 4L36R0
M3 4L36R0 D3 QU3 H4Y4 50L
M3 4L36R0 D3 QU3 357É NU8L4D0
M3 4L36R0 D3 3574R V1V0

4LÉ6R473 H0M8R3
4L L3V4N74R73 90R L4 M4Ù4N4
V45 4 73N3R UN 8U3N DÍ4
3574R45 MÁ5 54N0
53RÁ5 MÁ5 C0M9R3N51V0
C0N 7U 3N70RN0
3574RÁ5 M3J0R C0N7160
53RÁ5 MÁ5 83NÉV0L0 C0N 7U 9U38L0
MÁ5 4M4D0 90R L05 QU3 73 R0D34N
L4 63N73 73 QU3RRÁ
73 QU3RRÁN L05 4N1M4L35
73 QU3RRÁN L45 9L4N745
Y 45Í
V1V1RÁ5 3N 4RM0NÍ4
C0N 3L UN1V3R50

CONTENTO-ME
Traslated into Portuguese language by
Lucian Daniel Dumbravă Jr.

cada manhã
quando acordo, contento-me
contento-me porque há sol
contento-me porque é nublado
contento-me porque vivo

contenta-te homem
quando acordas de manhã
terás um dia melhor
serás mais saudável
serás mais compreensivo
com o meio ambiente
serás melhor contigo
serás melhor com os teus semelhantes
serás mais amado por os que te rodeiam
vão amar-te as pessoas
vão amar-te os animais
vão amar-te as plantas
e assim
vais viver em harmonia
com o Universo

C0N73N70-M3

C4D4 M4NHÃ
QU4ND0 4C0RD0, C0N73N70-M3
C0N73N70-M3 90RQU3 HÁ 50L
C0N73N70-M3 90RQU3 É NU8L4D0
C0N73N70-M3 90RQU3 V1V0

C0N73N74-73 H0M3M
QU4ND0 4C0RD45 D3 M4NHÃ
73RÁ5 UM D14 M3LH0R
53RÁ5 M415 54UDÁV3L
53RÁ5 M415 C0M9R33N51V0
C0M 0 M310 4M813N73
53RÁ5 M3LH0R C0N7160
53RÁ5 M3LH0R C0M 05 73U5 53M3LH4N735
53RÁ5 M415 4M4D0 90R 05 QU3 73 R0D314M
VÃ0 4M4R-73 45 9355045
VÃ0 4M4R-73 05 4N1M415
VÃ0 4M4R-73 45 9L4N745
3 4551M
V415 V1V3R 3M H4RM0N14
C0M 0 UN1V3R50

PO GËZOHEM
Traslated into Albanian language by
Baki Ymeri

Në çdo mëngjes
Kur zogjohem, gëzohem
Gëzohem se ka diell
Gëzohem se ka re
Gëzohem se jetoj

Gëzohu njeri
Kur zgjohesh në mëngjes
Do kesh një ditë më të mirë
Do jesh më i shëndoshë
Do jesh më i kuptueshëm
Me mjedisin që të rrethon
Do jesh më i mirë me ty
Do jesh më i dashur nga dashamirët
Do të të duan njerëzit
Do të të duan kafshët
Do të të duan pemët
Dhe kështusoj
Do jetosh në harmoni
Me Universin.

90 6Ë20H3M

NË ÇD0 MËN6J35
KUR 206J0H3M, 6Ë20H3M
6Ë20H3M 53 K4 D13LL
6Ë20H3M 53 K4 R3
6Ë20H3M 53 J370J

6Ë20HU NJ3R1
KUR 26J0H35H NË MËN6J35
D0 K35H NJË D17Ë MË 7Ë M1RË
D0 J35H MË 1 5HËND05HË
D0 J35H MË 1 KU97U35HËM
M3 MJ3D151N QË 7Ë RR37H0N
D0 J35H MË 1 M1RË M3 7Y
D0 J35H MË 1 D45HUR N64 D45H4M1RË7
D0 7Ë 7Ë DU4N NJ3RË217
D0 7Ë 7Ë DU4N K4F5HË7
D0 7Ë 7Ë DU4N 93MË7
DH3 KË5H7U50J
D0 J3705H NË H4RM0N1
M3 UN1V3R51N.

ŐRÜLŐK
Traslated into Hungarian language by
Papp Csilla

Minden reggel
Mikor felébredek, őrülők.
Őrülők, hogy sűt a nap
Őrűlők, ha be van borulva
Őrűlők, hogy élek.

Őrűlj te is
Mikor reggel felébredsz,
Mert egy jobb napod lesz.
Egészségesebb leszel,
Megértőbb a kőrnyezeteddel,
Jobb leszel magaddal,
Jobb leszel embertársaiddal,
Mindenki jobban fog szeretni.
Szeretni fognak az emberek,
Szeretni fognak az állatok,
Szeretni fognak a nővények
És igy
Teljes harmoniában fogsz élni
az Univerzummal.

ŐRÜLŐK

M1ND3N R3663L
M1K0R F3LÉ8R3D3K, ŐRÜLŐK.
ŐRÜLŐK, H06Y 5Ü7 4 N49
ŐRÜLŐK, H4 83 V4N 80RULV4
ŐRÜLŐK, H06Y ÉL3K.

ŐRÜLJ 73 15
M1K0R R3663L F3LÉ8R3D52,
M3R7 36Y J088 N490D L352.
36É525É635388 L3523L,
M36ÉR7Ő88 4 KŐRNY32373DD3L,
J088 L3523L M464DD4L,
J088 L3523L 3M83R7ÁR541DD4L,
M1ND3NK1 J0884N F06 523R37N1.
523R37N1 F06N4K 42 3M83R3K,
523R37N1 F06N4K 42 ÁLL470K,
523R37N1 F06N4K 4 NŐVÉNY3K
É5 16Y
73LJ35 H4RM0N1Á84N F0652 ÉLN1
42 UN1V3R2UMM4L.

ICH FREUE MICH
Traslated into German language by
Gabriela Căluțiu Sonnenberg

jeden Morgen
beim Aufwachen, freue ich mich
ich freue mich, dass es Sonne gibt
ich freue mich, dass es bewölkt ist
ich freue mich, dass ich lebe.

Mensch freue dich
wenn du morgens aufwachst
du wirst einen besseren Tag haben
gesünder sein
verständnisvoller
mit deinem Umfeld
besser zu dir
besser zu deinen Nächsten
bei den Anderen beliebt
von Menschen geliebt,
von Tieren geliebt,
von Pflanzen geliebt
und somit
im Einklang
mit dem Universum.

1CH FR3U3 M1CH

J3D3N M0R63N
831M 4UFW4CH3N, FR3U3 1CH M1CH
1CH FR3U3 M1CH, D455 35 50NN3 6187
1CH FR3U3 M1CH, D455 35 83WÖLK7 157
1CH FR3U3 M1CH, D455 1CH L383.

M3N5CH FR3U3 D1CH
W3NN DU M0R63N5 4UFW4CH57
DU W1R57 31N3N 83553R3N 746 H483N
635ÜND3R 531N
V3R57ÄNDN15V0LL3R
M17 D31N3M UMF3LD
83553R 2U D1R
83553R 2U D31N3N NÄCH573N
831 D3N 4ND3R3N 83L1387
V0N M3N5CH3N 63L1387,
V0N 713R3N 63L1387,
V0N 9FL4N23N 63L1387
UND 50M17
1M 31NKL4N6
M17 D3M UN1V3R5UM.

IK BEN BLIJ
Traslated into Dutch language by
Germain Droogenbroodt

Elke ochtend
als ik wakker word, ben ik blij!
Ik ben blij dat het zonnig is,
Ik ben blij dat het bewolkt is,
Ik ben blij dat ik leef!

mensen, wees gelukkig
als jullie 's ochtends wakker worden!
Jullie zullen een betere dag hebben,
Jullie zullen gezonder zijn
Jullie zullen meer begrip tonen
voor jullie omgeving!
Jullie zullen aardiger zijn voor jezelf,
Jullie zullen aardiger zijn voor anderen
Jullie zullen meer geliefd zijn door de mensen om jullie heen,
Mensen zullen van jullie houden,
Dieren zullen van jullie houden,
Planten zullen van jullie houden
En zo
zullen jullie in harmonie leven
met het Universum!

1K 83N 8L1J

3LK3 0CH73ND
4L5 1K W4KK3R W0RD, 83N 1K 8L1J!
1K 83N 8L1J D47 H37 20NN16 15,
1K 83N 8L1J D47 H37 83W0LK7 15,
1K 83N 8L1J D47 1K L33F!

M3N53N, W335 63LUKK16
4L5 JULL13'5 0CH73ND5 W4KK3R W0RD3N!
JULL13 2ULL3N 33N 8373R3 D46 H3883N,
JULL13 2ULL3N 6320ND3R 21JN
JULL13 2ULL3N M33R 836R19 70N3N
V00R JULL13 0M63V1N6!
JULL13 2ULL3N 44RD163R 21JN V00R J323LF,
JULL13 2ULL3N 44RD163R 21JN V00R
4ND3R3N
JULL13 2ULL3N M33R 63L13FD 21JN D00R D3
M3N53N 0M JULL13 H33N,
M3N53N 2ULL3N V4N JULL13 H0UD3N,
D13R3N 2ULL3N V4N JULL13 H0UD3N,
9L4N73N 2ULL3N V4N JULL13 H0UD3N
3N 20
2ULL3N JULL13 1N H4RM0N13 L3V3N
M37 H37 UN1V3R5UM!

JAG GLÄDS
Traslated into Sweedish language by
Maria Dahlgren

varje morgon
när jag vaknar, jag gläds
jag gläds eftersom det är soligt
jag gläds eftersom det är molnigt
jag gläds att jag lever

gläd dig människa
när du vaknar på morgonen
du skall ha en bra dag
du skall vara frisk
du skall bli mer förstående
om miljön
skall vara godare mot dig själv
skall vara god mot dina nära
du skall bli mer älskad av din omgivning
människor skall älska dig
djur skall älska dig
växter skall älska dig
och så
du skall leva i harmoni
med Universum

J46 6LÄD5

V4RJ3 M0R60N
NÄR J46 V4KN4R, J46 6LÄD5
J46 6LÄD5 3F73R50M D37 ÄR 50L167
J46 6LÄD5 3F73R50M D37 ÄR M0LN167
J46 6LÄD5 477 J46 L3V3R

6LÄD D16 MÄNN15K4
NÄR DU V4KN4R 9Å M0R60N3N
DU 5K4LL H4 3N 8R4 D46
DU 5K4LL V4R4 FR15K
DU 5K4LL 8L1 M3R FÖR57Å3ND3
OM M1LJÖN
5K4LL V4R4 60D4R3 M07 D16 5JÄLV
5K4LL V4R4 60D M07 D1N4 NÄR4
DU 5K4LL 8L1 M3R ÄL5K4D 4V D1N
0M61VN1N6
MÄNN15K0R 5K4LL ÄL5K4 D16
DJUR 5K4LL ÄL5K4 D16
VÄX73R 5K4LL ÄL5K4 D16
OCH 5Å
DU 5K4LL L3V4 1 H4RM0N1
M3D UN1V3R5UM

אני שמח
Traslated into Hebrew language by
Shaked Katzir, Bar Katzir & I. Nor

בכל בוקר
כאני מתעורר, אני שמח
אני שמח שיש שמש
אני שמח שמעונן
אני שמח שאני חי

תשמח בן אדם
כשאתה מתעורר בבוקר
יהיה לך יום טוב יותר
תהיה בריא יותר
אתה תהיה יותר מבין
כלפי סביבתך
אתה תהיה טוב יותר לעצמך
אתה תהיה טוב יותר לאחרים
אתה תהיה יותר אהוב עלי ידי סביבתך
אנשים יאהבו אותך
חיות יאהבו אותך
הצמחים יאהבו אותך
ובצורה כזאת
תחייה בהרמוניה
עם היקום

RED AND BLACK [eng]
ROŞU ŞI NEGRU [rom]
ROUGE ET NOIR [fra]
ROSSO E NERRO [ita]
ROJO Y NEGRO [spa]
VERMELHO E PRETO [por]
KUQ E ZI [alb]
PIROS ÉS FEKETE [hun]
ROT UND SCHWARZ [ger]
ROOD EN ZWART [hol]
RÖTT OCH SVART [swe]
אדום ושחור [hbr]

RED AND BLACK
George Roca

The
red-faced
toreador
dressed
in a red toga
With red clothes
With red boots
thrusts the black sword
into the black bull.

The wicked heart
of the criminal
is black
like
the skin
of the slain
bull.

R3D 4ND 8L4CK

7H3
R3D-F4C3D
70R34D0R
DR3553D
1N 4 R3D 7064
W17H R3D CL07H35
W17H R3D 80075
7HRU575 7H3 8L4CK 5W0RD
1N70 7H3 8L4CK 8ULL.

7H3 W1CK3D H34R7
0F 7H3 CR1M1N4L
15 8L4CK
L1K3
7H3 5K1N
0F 7H3 5L41N
8ULL.

ROŞU ŞI NEGRU
George Roca

Toreadorul
roşu
la faţă
îmbrăcat
în togă roşie
cu haine roşii
cu ciubote roşii
înfige sabia neagră
în taurul negru.

Inima haină
a criminalului
este neagră
precum
pielea
taurului
ucis.

R0ŞU Ş1 N36RU

70R34D0RUL
R0ŞU
L4 F4ŢĂ
ÎM8RĂC47
ÎN 706Ă R0Ş13
CU H41N3 R0Ş11
CU C1U8073 R0Ş11
ÎNF163 54814 N346RĂ
ÎN 74URUL N36RU.

1N1M4 H41NĂ
4 CR1M1N4LULU1
3573 N346RĂ
9R3CUM
913L34
74URULU1
UC15.

ROUGE ET NOIR
Traslated into French language by
Adina Rosenkranz-Herscovici & Sara Herscovici

Le toréro
au visage rouge
vêtu
d'une toge rouge
habillé de rouge
avec des bottes rouges
plante le javelot rouge
dans le taureau noir

Le coeur cruel
du criminel
est noir
comme
la peau
du taureau
abbatu.

R0U63 37 N01R

L3 70RÉR0
4U V15463 R0U63
VÊ7U
D'UN3 7063 R0U63
H481LLÉ D3 R0U63
4V3C D35 807735 R0U635
9L4N73 L3 J4V3L07 R0U63
D4N5 L3 74UR34U N01R

L3 C03UR CRU3L
DU CR1M1N3L
357 N01R
C0MM3
L4 934U
DU 74UR34U
48847U.

ROSSO E NERO
Traslated into Italian language by
Simona Puşcaş

Il sanguinario
toreador...
con la faccia rossa,
vestito
in una toga rossa
con abiti rossi
con stivali rossi
immerge ia lancia nera
nel toro nero.

Il cuore diabolico
del l'assassino
è nero
come
la pelle
del
toro
ucciso

R0550 3 N3R0

1L 54N6U1N4R10
70R34D0R...
C0N L4 F4CC14 R0554,
V357170
1N UN4 7064 R0554
C0N 48171 R0551
C0N 571V4L1 R0551
1MM3R63 14 L4NC14 N3R4
N3L 70R0 N3R0.

1L CU0R3 D1480L1C0
D3L L'4554551N0
È N3R0
C0M3
L4 93LL3
D3L
70R0
UCC150

ROJO Y NEGRO
Traslated into Spanish language by
Gabriela Căluţiu Sonnenberg

El torero
roja
su cara
adornado
con capa roja
con ropa roja
con botas rojas
clava el rejón negro
en el toro negro.

El corazón malvado
del asesino
es negro
como
la piel
del toro
ejecutado.

R0J0 Y N36R0

3L 70R3R0
R0J4
5U C4R4
4D0RN4D0
C0N C494 R0J4
C0N R094 R0J4
C0N 80745 R0J45
CL4V4 3L R3JÓN N36R0
3N 3L 70R0 N36R0.

3L C0R42ÓN M4LV4D0
D3L 45351N0
35 N36R0
C0M0
L4 913L
D3L 70R0
3J3CU74D0.

VERMELHO E PRETO
Traslated into Portuguese language by
Lucian Daniel Dumbravă Jr.

O toureiro
vermelho
à cara
equipado
em toga vermelha
com roupas vermelhas
com botas vermelhas
espata a lança preta
no touro negro.

O coração desapiedado
do criminoso
é preto
tal como
a pele
do touro
matado.

V3RM3LH0 3 9R370

0 70UR31R0
V3RM3LH0
À C4R4
3QU194D0
3M 7064 V3RM3LH4
C0M R0U945 V3RM3LH45
C0M 80745 V3RM3LH45
359474 4 L4NÇ4 9R374
N0 70UR0 N36R0.

0 C0R4ÇÃ0 D354913D4D0
D0 CR1M1N050
É 9R370
74L C0M0
4 93L3
D0 70UR0
M474D0.

KUQ E ZI
Traslated into Albanian language by
Baki Ymeri

Toreadori
I kuq
Përballë
I veshur
Në togë të kuqe
Me tesha të kuqe
Me çiubotë të kuqe
E ngul shigjetën e zezë
Në demin e zi.

Zemra petku
I kriminelit
Është e zezë
Porsi
Lëkura
E demit
Të vrarë.

KUQ 3 21

70R34D0R1
1 KUQ
9ËR84LLË
1 V35HUR
NË 706Ë 7Ë KUQ3
M3 735H4 7Ë KUQ3
M3 Ç1U807Ë 7Ë KUQ3
3 N6UL 5H16J37ËN 3 232Ë
NË D3M1N 3 21.

23MR4 937KU
1 KR1M1N3L17
Ë5H7Ë 3 232Ë
90R51
LËKUR4
3 D3M17
7Ë VR4RË.

PIROS ÉS FEKETE
Traslated into Hungarian language by
Papp Csilla

A piros arcú torreádor,
Piros csizmában,
Piros ruhába
és piros kőppenybe
Őltőzve
Bele dőfi a fekete lándzsát
A fekete bikába.

A gyilkos
szivének burka
oly fekete
akár
a meggyilkolt
bika bőre.

91R05 É5 F3K373

4 91R05 4RCÚ 70RR3ÁD0R,
91R05 C512MÁ84N,
91R05 RUHÁ84
É5 91R05 KŐ993NY83
ŐL7Ő2V3
83L3 DŐF1 4 F3K373 LÁND25Á7
4 F3K373 81KÁ84.

4 6Y1LK05
521VÉN3K 8URK4
0LY F3K373
4KÁR
4 M366Y1LK0L7
81K4 8ŐR3.

ROT UND SCHWARZ
Traslated into German language by
Gabriela Căluţiu Sonnenberg

Torero
rot
im Gesicht
gekleidet
in rotem Gewand
rote Kleider
rote Stiefel
stößt die schwarze Lanze
in den schwarzen Stier

Das böse Herz
des Mörders
ist so schwarz
wie die Haut
des ermordeten
Stiers.

R07 UND 5CHW4R2

70R3R0
R07
1M 6351CH7
63KL31D37
1N R073M 63W4ND
R073 KL31D3R
R073 5713F3L
57Öß7 D13 5CHW4R23 L4N23
1N D3N 5CHW4R23N 5713R

D45 8Ö53 H3R2
D35 MÖRD3R5
157 50 5CHW4R2
W13 D13 H4U7
D35 3RM0RD373N
5713R5.

ROOD EN ZWART
Traslated into Dutch language by
Germain Droogenbroodt

De stierenvechter
rood
zijn gezicht
rood
zijn toga
rood
zijn pak
rood
zijn laarzen
hij stoot het zwarte staal
in de zwarte stier.

Het gemene hart
van de misdadiger
is zwart
zoals
de huid
van de gedode stier.

R00D 3N 2W4R7

D3 5713R3NV3CH73R
R00D
21JN 6321CH7
R00D
21JN 7064
R00D
21JN 94K
R00D
21JN L44R23N
H1J 57007 H37 2W4R73 5744L
1N D3 2W4R73 5713R.

H37 63M3N3 H4R7
V4N D3 M15D4D163R
15 2W4R7
204L5
D3 HU1D
V4N D3 63D0D3 5713R.

RÖTT OCH SVART
Traslated into Sweedish language by
Maria Dahlgren

Toreadoren
rött
i ansiktet
klätt
i röd toga
med röda kläder
med röda skor
han sticker det svarta svärdet
i den svarta tjuren.

Den kriminelles
onda hjärta
är svart
som
den döde
tjurens
hud.

RÖ77 OCH 5V4R7

70R34D0R3N
RÖ77
1 4N51K737
KLÄ77
1 RÖD 7064
M3D RÖD4 KLÄD3R
M3D RÖD4 5K0R
H4N 571CK3R D37 5V4R74 5VÄRD37
1 D3N 5V4R74 7JUR3N.

D3N KR1M1N3LL35
0ND4 HJÄR74
ÄR 5V4R7
50M
D3N DÖD3
7JUR3N5
HUD.

אדום ושחור
Traslated into Hebrew language by
Shaked Katzir, Bar Katzir & I. Nor

הטוריאדור
סמוק
בפנים
לבוש
בטוגה אדומה
עם בגדים אדומים
ועם מגפיים אדומים
נועץ את החץ השחור
בשור השחור.

הלב המרושע
של הפושע
הוא שחור
כמו
העור
של השור
שנרצח

RED [eng]
ROŞU [rom]
ROUGE [fra]
ROSSO [ita]
ROJO [spa]
VERMELHO [por]
KUQ [alb]
PIROS [hun]
ROT [ger]
ROOD [hol]
RÖTT [swe]
אדום [hbr]

RED
George Roca

The
Red colour,
red flag,
red banner,
red eggs.
And then,
Cardinal red
Soviet red,
Chinese red,
and... lipstick red.

Why God,
do I currently
see
only red
in front of my eyes?
Olé!

R3D

7H3
R3D C0L0UR,
R3D FL46,
R3D 84NN3R,
R3D 3665.
4ND 7H3N,
C4RD1N4L R3D
50V137 R3D,
CH1N353 R3D,
4ND... L19571CK R3D.

WHY 60D,
D0 1 CURR3N7LY
533
0NLY R3D
1N FR0N7 0F MY 3Y35 ?
OLÉ !

ROŞU
George Roca

Culoare roşie,
steag roşu,
flamură roşie,
ouă roşii.
Apoi,
roşu cardinal,
roşu sovietic,
roşu chinezesc
şi... roşu de buze.

De ce Doamne
în ultimul timp
văd
numai roşu
în faţa ochilor?
Olé!

ROŞU

CUL04R3 R0Ş13,
57346 R0ŞU,
FL4MURĂ R0Ş13,
0UĂ R0Ş11.
4901,
R0ŞU C4RD1N4L,
R0ŞU 50V1371C,
R0ŞU CH1N3235C
Ş1... R0ŞU D3 8U23.

D3 C3 D04MN3
ÎN UL71MUL 71M9
VĂD
NUM41 R0ŞU
ÎN F4Ţ4 0CH1L0R ?
OLÉ !

ROUGE
Traslated into French language by
Adina Rosenkranz-Herscovici & Sara Herscovici

Couleur rouge,
drapeau rouge,
bannière rouge
œufs rouges.
Puis,
rouge cardinal,
rouge soviétique,
rouge chinois
et... rouge à levres.

Pourquoi, mon Dieu,
dernièment
je ne vois
que du rouge
devant les yeux?
Olé!

R0U63

C0UL3UR R0U63,
DR4934U R0U63,
84NN1ÈR3 R0U63
œUF5 R0U635.
9U15,
R0U63 C4RD1N4L,
R0U63 50V1É71QU3,
R0U63 CH1N015
37... R0U63 À L3VR35.

90URQU01, M0N D13U,
D3RN1ÈM3N7
J3 N3 V015
QU3 DU R0U63
D3V4N7 L35 Y3UX ?
OLÉ !

ROSSO
Traslated into Italian language by
Simona Puşcaş

Colore rosso,
bandiera rossa,
stendardo rosso,
uova rosse.
Poi,
rosso cardinale,
rosso sovietico,
rosso cinese,
e... rossetto rosso.
Perché Dio,
ultimamente
fa vedere
solo rosso
davanti ai miei occhi?
Olé!

R0550

C0L0R3 R0550,
84ND13R4 R0554,
573ND4RD0 R0550,
U0V4 R0553.
901,
R0550 C4RD1N4L3,
R0550 50V1371C0,
R0550 C1N353,
3... R0553770 R0550.
93RCHÉ D10,
UL71M4M3N73
F4 V3D3R3
50L0 R0550
D4V4N71 41 M131 0CCH1 ?
0LÉ !

ROJO
Traslated into Spanish language by
Gabriela Căluțiu Sonnenberg

Color rojo,
bandera roja,
estandarte rojo,
huevos rojos.
Después,
rojo cardenal,
rojo soviético,
rojo chino
y... rojo de labios.

¿Por qué Dios mío
últimamente
sólo veo
el rojo
ante mis ojos?
¡Olé!

R0J0

C0L0R R0J0,
84ND3R4 R0J4,
3574ND4R73 R0J0,
HU3V05 R0J05.
D359UÉ5,
R0J0 C4RD3N4L,
R0J0 50V1É71C0,
R0J0 CH1N0
Y... R0J0 D3 L48105.

¿90R QUÉ D105 MÍO
ÚL71M4M3N73
5ÓL0 V30
3L R0J0
4N73 M15 0J05?
¡OLÉ!

VERMELHO
Traslated into Portuguese language by
Lucian Daniel Dumbravă Jr.

Cor vermelha,
bandeira vermelha,
estendarde vermelho,
ovos vermelhos.
Depois,
Vermelho cardinal,
vermelho soviético,
vermelho chinês
e... vermelho dos beiços.

Porquê, meu Deus,
no último tempo
vejo
só vermelho
à frente dos olhos?
Olé!

V3RM3LH0

C0R V3RM3LH4,
84ND31R4 V3RM3LH4,
3573ND4RD3 V3RM3LH0,
0V05 V3RM3LH05.
D39015,
V3RM3LH0 C4RD1N4L,
V3RM3LH0 50V1É71C0,
V3RM3LH0 CH1NÊ5
3... V3RM3LH0 D05 831Ç05.

90RQUÊ, M3U D3U5,
N0 ÚL71M0 73M90
V3J0
5Ó V3RM3LH0
À FR3N73 D05 0LH05 ?
0LÉ !

KUQ
Traslated into Albanian language by
Baki Ymeri

Ngjyrë e kuqe,
Flamur i kuq,
Ve të kuqe.
Pastaj,
E kuqe kardinale,
E kuqe sovjetike,
E kuqe kineze
Dhe... buzë të kuqe.

Përse o Zot
Kohëve të fundit
Po shoh
Vetëm të kuq
Përpara syve?
Olé!

KUQ

N6JYRË 3 KUQ3,
FL4MUR 1 KUQ,
V3 7Ë KUQ3.
94574J,
3 KUQ3 K4RD1N4L3,
3 KUQ3 50VJ371K3,
3 KUQ3 K1N323
DH3... 8U2Ë 7Ë KUQ3.

9ËR53 0 207
K0HËV3 7Ë FUND17
90 5H0H
V37ËM 7Ë KUQ
9ËR94R4 5YV3 ?
0LÉ !

PIROS
Traslated into Hungarian language by
Papp Csilla

Piros,
Piros zászlo,
Piros láng,
Piros tojás.
Aztán,
Bibor piros
Orosz piros
Kinai piros
És ... ajak piros.

Istenem,
Az utobbi időben
Miért látok csak pirosat
a szemem előtt?
Olé!

91R05

91R05,
91R05 2Á52L0,
91R05 LÁN6,
91R05 70JÁ5.
427ÁN,
8180R 91R05
0R052 91R05
K1N41 91R05
É5... 4J4K 91R05.

1573N3M,
42 U70881 1DŐ83N
M1ÉR7 LÁ70K C54K 91R0547
4 523M3M 3LŐ77 ?
0LÉ !

ROT
Traslated into German language by
Gabriela Căluţiu Sonnenberg

Rote Farbe,
rote Fahne,
rote Flagge.
rote Eier.
Danach
Kardinalrot
Sovietrot,
Chinesisches Rot
und....Lippenrot.

Warum Herr,
sehe ich
in letzter Zeit
nur noch Rot
vor meinen Augen?
Olé!

R07

R073 F4R83,
R073 F4HN3,
R073 FL4663.
R073 313R.
D4N4CH
K4RD1N4LR07
50V137R07,
CH1N3515CH35 R07
UND... L1993NR07.

W4RUM H3RR,
53H3 1CH
1N L37273R 2317
NUR N0CH R07
V0R M31N3N 4U63N ?
0LÉ !

ROOD
Traslated into Dutch language by
Germain Droogenbroodt

Rode kleur
rode vlag
rode vaandel
rode eieren.
en dan
kardinaalrood
Sovjet rood,
Chinees rood,
En...rode lipstick.

Waarom om godswil
zie ik
voortdurend
vóór mijn ogen
niet anders dan rood?
Olé!

R00D

R0D3 KL3UR
R0D3 VL46
R0D3 V44ND3L
R0D3 313R3N.
3N D4N
K4RD1N44LR00D
50VJ37 R00D,
CH1N335 R00D,
3N... R0D3 L19571CK.

W44R0M 0M 60D5W1L
213 1K
V00R7DUR3ND
VÓÓR M1JN 063N
N137 4ND3R5 D4N R00D ?
OLÉ !

RÖTT
Traslated into Sweedish language by
Maria Dahlgren

Röd färg
röd flagga
röd fana
röda ägg.
Sedan,
kardinalrött,
sovjetiskt rött
kinesiskt rött
och ... rött läppstift

Varför Gud
på sistone
ser
bara rött
framför mina ögon?
Olé!

RÖ77

RÖD FÄR6
RÖD FL4664
RÖD F4N4
RÖD4 Ä66.
53D4N,
K4RD1N4LRÖ77,
50VJ3715K7 RÖ77
K1N3515K7 RÖ77
OCH... RÖ77 LÄ99571F7

V4RFÖR 6UD
9Å 51570N3
53R
84R4 RÖ77
FR4MFÖR M1N4 Ö60N ?
OLÉ !

אדום
Traslated into Hebrew language by
Shaked Katzir, Bar Katzir & I. Nor

אדום צבע
אדום דגל,
אדומה כרזה,
אדומות פסחא ביצי.
כך אחר,
קרדינל אדום,
סובייטי אדום,
סיני אדום
השפתון של אדום...ו

אלוהים, למה
האחרון בזמן
רואה אני
אדום רק
העיניים מול?
אולה!

BLACK AND WHITE [eng]
NEGRU ŞI ALB [rom]
NOIR ET BLANC [fra]
NERO E BIANCO [ita]
NEGRO Y BLANCO [spa]
PRETO E BRANCO [por]
BARDH' E ZI [alb]
FEKETE ÉS FEHÉR [hun]
SCHWARZ UND WEISS [ger]
ZWART EN WIT [hol]
SVART OCH VITT [swe]
שחור ולבן [hbr]

BLACK AND WHITE
George Roca

I read in the white of your eyes
that you don't love me
not even like the black
under your fingernails.

The purple bags
under my eyes,
the fruits of white nights,
became black
crying
in the blues.

8L4CK 4ND WH173

1 R34D 1N 7H3 WH173 0F Y0UR 3Y35
7H47 Y0U D0N'7 L0V3 M3
N07 3V3N L1K3 7H3 8L4CK
UND3R Y0UR F1N63RN41L5.

7H3 9UR9L3 8465
UND3R MY 3Y35,
7H3 FRU175 0F WH173 N16H75,
83C4M3 8L4CK
CRY1N6
1N 7H3 8LU35.

NEGRU ŞI ALB
George Roca

Am citit în albul ochilor tăi
că nu mă iubeşti
nici cât negru sub unghie.

Cearcanele mele vineţii,
fructul nopţilor albe,
au devenit negre
plângând de
inimă albastră.

N36RU ŞI 4L8

4M C1717 ÎN 4L8UL 0CH1L0R 7Ă1
CĂ NU MĂ 1U83Ş71
N1C1 CÂ7 N36RU 5U8 UN6H13.

C34RC4N3L3 M3L3 V1N3Ţ11,
FRUC7UL N09Ţ1L0R 4L83,
4U D3V3N17 N36R3
9LÂN6ÂND D3
1N1MĂ 4L8457RĂ.

NOIR ET BLANC
Traslated into French language by
Adina Rosenkranz-Herscovici & Sara Herscovici

J'ai lu dans le blanc de tes yeux
que tu ne m'aimes pas
même pas, un tout petit peu.

Mes cernes violacées,
le fruit des nuits blanches,
sont devenues noires
d'avoir tant
pleuré de
coeur bleu.

N01R 37 8L4NC

J'41 LU D4N5 L3 8L4NC D3 735 Y3UX
QU3 7U N3 M'41M35 945
MÊM3 945, UN 70U7 93717 93U.

M35 C3RN35 V10L4CÉ35,
L3 FRU17 D35 NU175 8L4NCH35,
50N7 D3V3NU35 N01R35
D'4V01R 74N7
9L3URÉ D3
C03UR 8L3U.
N3R0 3 814NC0
H0 L3770 N3L 7U01 0CCH1
N0N H41 UN 8R1CC10L0.
D'4M0R3 93R M3.
L3 M13 0CCH1413 50N0 V10L4
FRU770 D1 N0771 814NCH1,
D1V3N7471 N3R1
914N63ND0
C0N 1L CU0R3 8LU
N36R0 Y 8L4NC0

NERO E BIANCO
Traslated into Italian language by
Simona Puşcaş

Ho letto nel tuoi occhi
non hai un bricciolo.
d'amore per me.
Le mie occhiaie sono viola
frutto di notti bianchi,
diventati neri
piangendo
con il cuore blu

N3R0 3 814NC0

H0 L3770 N3L 7U01 0CCH1
N0N H41 UN 8R1CC10L0.
D'4M0R3 93R M3.
L3 M13 0CCH1413 50N0 V10L4
FRU770 D1 N0771 814NCH1,
D1V3N7471 N3R1
914N63ND0
C0N 1L CU0R3 8LU.

NEGRO Y BLANCO
Traslated into Spanish language by
Gabriela Căluțiu Sonnenberg

Leí en el blanco de tus ojos
que no me quieres
ni cuanto negro hay bajo las uñas.

Mis moradas ojeras,
fruto de noches blancas,
se volvieron negro
llanto
en el blues.

N36R0 Y 8L4NC0

L3Í 3N 3L 8L4NC0 D3 7U5 0J05
QU3 N0 M3 QU13R35
N1 CU4N70 N36R0 H4Y 84J0 L45 UÙ45.

M15 M0R4D45 0J3R45,
FRU70 D3 N0CH35 8L4NC45,
53 V0LV13R0N N36R0
LL4N70
3N 3L 8LU35.

PRETO E BRANCO
Traslated into Portuguese language by
Lucian Daniel Dumbravă Jr.

Eu li no branco dos teus olhos
que não me amas
nem um pouquinho

As minhas olheiras azuladas,
o fruto das noites brancas,
fizeram-se pretas
chorando
de coração azul.

9R370 3 8R4NC0

3U L1 N0 8R4NC0 D05 73U5 0LH05
QU3 NÃ0 M3 4M45
N3M UM 90UQU1NH0

45 M1NH45 0LH31R45 42UL4D45,
0 FRU70 D45 N01735 8R4NC45,
F123R4M-53 9R3745
CH0R4ND0
D3 C0R4ÇÃ0 42UL.

BARDH' E ZI
Traslated into Albanian language by
Baki Ymeri

Lexova n'bardhësinë e syve tu
Se ti nuk po më do
As sa e zeza e thonjve.

Mollëzat e mia të enjtura,
U bënë të zeza
Duke vajtuar për
Zemrën e kaltërt.

84RDH' 3 21

L3X0V4 N'84RDHË51NË 3 5YV3 7U
53 71 NUK 90 MË D0
45 54 3 2324 3 7H0NJV3.

M0LLË247 3 M14 7Ë 3NJ7UR4,
U 8ËNË 7Ë 2324
DUK3 V4J7U4R 9ËR
23MRËN 3 K4L7ËR7.

FEKETE ÉS FEHÉR
Traslated into Hungarian language by
Papp Csilla

Azt olvastam szemed fehérjében
Hogy már eggyáltalán
nem szeretsz.

A szemem alatti mély karikák,
Az átalvatlan éjszakák gyümőlcsei,
A zokogo nemesi sziv miatt
Feketévé váltak.

F3K373 É5 F3HÉR

427 0LV4574M 523M3D F3HÉRJÉ83N
H06Y MÁR 366YÁL74LÁN
N3M 523R3752.

4 523M3M 4L4771 MÉLY K4R1KÁK,
42 Á74LV47L4N ÉJ524KÁK 6YÜMŐLC531,
4 20K060 N3M351 521V M1477
F3K37ÉVÉ VÁL74K.

SCHWARZ UND WEISS
Traslated into German language by
Gabriela Căluţiu Sonnenbe

Ich las in deinem Augenweiß
du Liebst mich nicht
nicht mal soviel wie das
kleine Schwarze unterm Fingernagel.

Meine auberginenfarbenen Augenringe
Ergebnis blanker Nächte,
sind schwarz geworden
weinend
vor lauter blauen Sehnsüchte.

5CHW4R2 UND W3155

1CH L45 1N D31N3M 4U63NW31ß
DU L13857 M1CH N1CH7
N1CH7 M4L 50V13L W13 D45
KL31N3 5CHW4R23 UN73RM F1N63RN463L.

M31N3 4U83R61N3NF4R83N3N 4U63NR1N63
3R638N15 8L4NK3R NÄCH73,
51ND 5CHW4R2 63W0RD3N
W31N3ND
V0R L4U73R 8L4U3N 53HN5ÜCH73.

ZWART EN WIT
Traslated into Dutch language by
Germain Droogenbroodt

Ik las in het wit van je ogen
dat je niet van mij houdt
zelfs niet als de zwart
onder je nagels.

De paarse zakken
onder mijn ogen,
de vruchten van de witte nachten,
werden zwart
van het huilen
in de blues.

2W4R7 3N W17

1K L45 1N H37 W17 V4N J3 063N
D47 J3 N137 V4N M1J H0UD7
23LF5 N137 4L5 D3 2W4R7
0ND3R J3 N463L5 .

D3 944R53 24KK3N
0ND3R M1JN 063N,
D3 VRUCH73N V4N D3 W1773 N4CH73N,
W3RD3N 2W4R7
V4N H37 HU1L3N
1N D3 8LU35 .

SVART OCH VITT
Traslated into Sweedish language by
Maria Dahlgren

Jag har läst i dina ögon
att du inte älskar mig
inte så mycket som svart under nageln.

Mina blåa ögonringar,
frukten av vita nätter
har blivit svarta
gråtande av
blått hjärta.

5V4R7 OCH V177

J46 H4R LÄ57 1 D1N4 Ö60N
477 DU 1N73 ÄL5K4R M16
1N73 5Å MYCK37 50M 5V4R7 UND3R N463LN.

M1N4 8LÅ4 Ö60NR1N64R,
FRUK73N 4V V174 NÄ773R
H4R 8L1V17 5V4R74
6RÅ74ND3 4V
8LÅ77 HJÄR74.

שחור ולבן
Traslated into Hebrew language by
Shaked Katzir, Bar Katzir & I. Nor

קראתי בלובן עינייך
שאתה לא אוהב אותי
אפילו לא כמו השחור שמתחת לציפורנייך

הסימנים הסגולים שמתחת לעיניי,
הפרי של לילות לבנים,
נהפכו לשחורים
בוכים על
לב כחול   מגעגוע

The long and intense activity he's carried out to edit and promote Romanian writers from everywhere has conferred writer and publisher George Roca the fame of a well-known cultural personality in the Romanian cultural space as well as elsewhere around the world.

Through these activities he has been a great servant of Romanian language and literature, being at the same time a poet and prose writer. In the present volume, with poems in English, the language or Australia, the country in which he is based, we get to know a different aspect of Mr Roca's artistic personality - that of a very good translator.

Although translations play such an important role, as it is only through them that written culture can spread throughout the world, these days they do not enjoy a fair public recognition. Despite this, we find George Roca's cultural alter ego present in this field as well.

A good translation must produce the same esthetical effect on the public as does the presentation of the original to the public who understands the original version. Therefore one does not strictly translate what is written, rather what the author intended to say.

Elena Buică
Toronto, Canada

Îndelungata și intensa activitate de editare și de promovare a scriitorilor români de pretutindeni i-a conferit publicistului George Roca renumele unei personalități culturale binecunoscute atât în spațiul românesc, cât și pe toate meridianele lumii.

În acest mod a adus limbii și literaturii române mari servicii și, în același timp, s-a dovedit a fi deopotrivă poet și prozator. În volumul de față, grație poeziilor sale în engleză, limba vorbită în țara în care s-a stabilit – Australia, facem cunoștință cu o nouă fațetă a personalității sale, cea de bun traducător.

Deși traducerile au un rol important, căci numai prin ele se răspândește cultura în întreaga lume, totuși, în zilele noastre, ele nu se bucură pe deplin de recunoașterea publică. Cu toate acestea, pe omul de cultură George Roca, îl vedem prezent și pe acest tărâm.

O traducere trebuie să producă același efect estetic asupra publicului-receptor ca și când ar fi scrisă în limba sa de proveniență. De aceea, adesea nu se traduce ce este scris, ci ceea ce a vrut să spună autorul.

Elena Buică
Toronto, Canada

About the author:

George ROCA, born on 14 July 1946 in Huedin, Cluj County, Romania. Lives in Sydney, Australia since 1982. Education: Faculty of Philology – Romanian Language and Literature. Writer, poet, cultural promoter, book editor, graphic designer, editor and editor-in-chief at several online and print publications.

Published books:
1. *"The Development of Architecture during the Reign of Saint Voivode Stephen the Great and Holy"*, Carpathia Press, Bucharest, 2006, historical study, 34 pages
2. *"Escape from Virtual Space"*, Anamarol Publishing House, Bucharest, 2009, poetry, 120 pages
3. *"Talking to the Stars" (Volume 1)*, Anamarol Publishing House, Bucharest, 2010, prose, 312 pages
4. *"Talking to the Stars" (Volume 2)*, Anamarol Publishing House, Bucharest, 2011, prose, 296 pages
5. *"Looking for the Isle of Happiness"*, Anamarol Publishing House, Bucharest, 2013, bilingual poetry, 108 pages
6. *"Multilingual Encripted Poems"* (First edition), Anamarol Publishing House, Bucharest, 2015, multilingual poetry, 108 pgs.
7. *„Radio Prodiaspora - A decade of Dreams"*, Hoffman Publishing, Slatina, 2019, Prose - Essays, 240 pages
8. *„Taina scrisului" (Volume 1)*, Anamarol Publishing House, Bucharest, 2019, Prose - Essays - Interviews, 416 pages
9. *„Taina scrisului" (Volume 2)*, Anamarol Publishing House, Bucharest, 2019, Prose - Essays - Interviews , 416 pages

2011 – „Literary Virtue" Prize from the Romanian Writers' League
2012 – Romanian Writers' League Prize – Prose/Interviews Section (for the volume „Talking to the Stars')
2013 – „Literary Virtue" Medal from the Romanian Writers' League (for the promotion of the Romanian language and literature throughout the world)

1993 Member of the Academy of Science, Literature and Arts
2002 Emeritus Member of the American-Romanian Academy
2006 Member of the Romanian Heritage Association
2008 Member of the National Association of the Knights of Clio
2009 Member of the Romanian Writers' League
2011 D.O.C. of the DacoRomanian Academic Foudation
2011 Member of the International Association of Paradoxism (US)
2010 Member of the Australian-Romanian Academy

Despre autor:

George ROCA, născut la 14 iulie 1946, la Huedin-Cluj, România. Din anul 1982 este stabilit în Australia, la Sydney. Studii: Facultatea de filologie – secția Limba și Literatura Română. Scriitor, poet, promotor cultural, editor de carte, grafician, redactor și redactor șef la mai multe publicații virtuale și fizice.

Cărți publicate (personale):
1. *„Dezvoltarea arhitecturii în perioada de domnie a binecredinciosului voievod Ștefan cel Mare și Sfânt"*, Editura Carpathia Press, București, 2006, Studiu istoric, 34 pagini
2. *„Evadare din spațiul virtual"*, Editura Anamarol, București, 2009, Poezie, 120 pagini
3. *„De vorbă cu stelele" (Vol 1)*, Editura Anamarol, București, 2010, Proză, 312 pagini
4. *„De vorbă cu stelele" (Vol 2)*, Editura Anamarol, București, 2011, Proză, 296 pagini
5. *„Căutând insula fericirii"*, Edtura Anamarol, București, 2013, Poezie, 108 pagini
6. *„Poeme multilingve cifrate"* (Ediția întâia), Edtura Anamarol, București, 2015, Poezie, 208 pagini
7. *„Radio Prodiaspora - Un deceniu de vis"*, Editura Hoffman, Slatina, 2019, Proză - Eseuri, 240 pagini
8. *„Taina scrisului" (Vol.1)*, Editura Anamarol, București, 2019, Proză - Eseuri - Interviuri, 416 pagini
9. *„Taina scrisului" (Vol.2)*, Editura Anamarol, București, 2019, Proză - Eseuri - Interviuri, 416 pagini

2011 - Distincția „Virtutea Lierară" din partea Ligii Scriitorilor Români;
2012 - Premiul Ligii Scriitorilor Români - Sectiunea Proză/ Interviuri (Pentru volumul „De vorbă cu stelele");
2013 - Medalia „Virtutea literară" dinpartea Ligii Scriitorilor Români (Pentru promovarea limbii și literaturii române în lume)

1993 - Membru al Academiei de Științe, Literatură și Arte (ASLA)
2002 - Membru Emeritus al Academiei Româno-Americane (ARA)
2006 - Membru al Asociației Române pentru Patrimoniu (ARP)
2008 - Membru al Asociației Naționale a Cavalerilor de Clio
2009 - Membru al Ligii Scriitorilor din România
2011 - D.H.C. al Fundației Academice DacoRomâne
2011 - Membru al International Association of Paradoxism (SUA)
2014 - Membru al Academiei Româno-Australiene

ARA Publisher Academic Press, an International Publishing House of the American Romanian Academy of Arts and Sciences, University of California Davis,
http://www.AmericanRomanianAcademy.org
P.O. Box 2761, Citrus Heights, CA 95611-2761

ARA President:
Prof. Dr. Ruxandra VIDU
e-mail:
ruxiev@gmail.com
info@americanromanianacademy.org

REXLIBRIS MEDIA GROUP SYDNEY
e-mail: **mediagroup@rexlibris.net**
Fondator/Founder
George ROCA

www.ingramcontent.com/pod-product-compliance
Lightning Source LLC
Chambersburg PA
CBHW060952230426
43665CB00015B/2174